Bauwelt Fundamente 94

Herausgegeben von
Ulrich Conrads und Peter Neitzke

Beirat:
Gerd Albers
Hansmartin Bruckmann
Lucius Burckhardt
Gerhard Fehl
Herbert Hübner
Julius Posener
Thomas Sieverts

Mensch und Raum

Das Darmstädter Gespräch 1951

Die Deutsche Bibliothek - CIP-Einheitsaufnahme

Mensch und Raum / Das Darmstädter Gespräch 1951. -
Neuausg. - Braunschweig: Vieweg, 1991
  (Bauwelt-Fundamente; 94)
  ISBN 3-528-08794-3
NE: Darmstädter Gespräch <02, 1951>; GT

Der Umschlag zeigt in Skizzen zwei der elf sogenannten *Meisterbauten*, die anläßlich des Gesprächs für die Stadt Darmstadt konzipiert worden waren und die dritte Abteilung der Ausstellung auf der Mathildenhöhe bildeten.
Auf der Titelseite: Entwurf für die Mädchenberufsschule
von Rudolf Schwarz;
auf der Rückseite: Projekt einer Volksschule von Hans Scharoun.

Der Neudruck des Gesprächsprotokolls und der Auflistung des Inhalts der Ausstellung zum Gespräch folgt der im Auftrag des Magistrats der Stadt Darmstadt und des Komitees Darmstädter Gespräch 1951 von Otto Bartning herausgegebenen Fassung, erschienen 1952 in der *Neuen Darmstädter Verlagsanstalt GmbH*. Wir danken allen Beteiligten für ihre Zustimmung zu dieser Neuausgabe.

Alle Rechte vorbehalten
© Friedr. Vieweg & Sohn Verlagsgesellschaft mbH, Braunschweig 1991

Der Verlag Vieweg ist ein Unternehmen der Verlagsgruppe Bertelsmann International.

Umschlagentwurf: Helmut Lortz
Satz: ITS, Herford
Druck und buchbinderische Verarbeitung: Langelüddecke, Braunschweig
Printed in Germany

ISBN 3-528-08794-3   ISSN 0522-5094

DIE FÜNF GRUNDSÄTZE DER DARMSTÄDTER GESPRÄCHE

1. Die Darmstädter Gespräche sind ein internationales Forum für ganz Deutschland. Die Stadt Darmstadt hat diese Einrichtung in Besinnung auf ihre kulturellen Traditionen geschaffen, um der öffentlichen Debatte europäischer Lebensfragen einen unabhängigen Ort zu geben.

2. Die Darmstädter Gespräche sind keine Fachgespräche. Sie werden für ihr Publikum und für die Öffentlichkeit geführt. Sie stellen nicht Personen gegeneinander, sondern Gedanken.

3. Die Darmstädter Gespräche sollen dem unaufhörlichen Dialog von These und Antithese einen möglichst großen Spielraum bieten. Sie sollen vom Allgemeinen ins Besondere gehen, um aus dem Besonderen neue Schlüsse auf das Allgemeine zu ermöglichen.

4. Die Darmstädter Gespräche sind kein Schauplatz parteipolitischer Auseinandersetzungen: Sie wollen nicht Aufgaben politischer Parlamente übernehmen. Greifen sie jedoch ein politisches Thema auf, soll der Geist der Politik und die Politik des Geistes zur Debatte stehen.

5. Die Darmstädter Gespräche streben nicht nach Entscheidungen oder Lösungen. Sie dienen der Aussprache und Verständigung. Sie genügen ihrem Zweck, wenn durch sie ein neuer Gedanke, eine fruchtbare Erkenntnis oder eine bessere Ansicht der Dinge sich mitteilen und erproben kann.

PRÄSENZ DES ERINNERTEN

Könnte die Überschrift ohne weiteres als lapidare Feststellung gelten, so wäre selbst dieses kurze Vorwort überflüssig. Doch wie viele Leser haben die Nachkriegszeit noch zur Gänze erlebt, wer kann lückenlos Zeugnis geben von den vier hinter uns liegenden Jahrzehnten? So nehme der Leser die Überschrift als Wunsch: daß er selbst erfahren möge, mit welcher Unmittelbarkeit noch immer, vierzig Jahre danach, die Reden und Wortwechsel des Darmstädter Gesprächs *Mensch und Raum* sich in die aktuelle Architektur- und Städtebau-Diskussion mischen. So oft ich auch in den vergangenen Jahren in den Protokollen des Gesprächs geblättert habe, auf der Suche nach irgendeiner nur vage erinnerten Aussage, nie habe ich es mir aufwendig „vergegenwärtigen" müssen. Es war und blieb erlebte Gegenwart. Dabei weiß ich gar nicht mehr, wie ich in den ersten Septembertagen 1951 nach Darmstadt gekommen bin und wie ich mir Eingang verschafft habe zu den Ausstellungsräumen auf der Mathildenhöhe und der aus allen Nähten platzenden (nebenbei gesagt: scheußlichen) Darmstädter Stadthalle, dem Ort des dreitägigen Gesprächs. Dabeisein war alles, damals. Es saß da das ganze bauende oder auch noch nicht bauende „Jung-Deutschland (West)" vier Altmeistern zu Füßen, vier ausgewiesenen Persönlichkeiten durchaus verschiedener geistiger Herkunft und unterschiedlichen Temperaments, doch nahezu gleich großen Gewichts. Was würden sie uns mitteilen? Und wer würde sich wohl auf Otto Ernst Schweizer, Rudolf Schwarz, Martin Heidegger und Ortega y Gasset in Gegenrede oder auch Zurede einlassen? Wer würde das können, abgesehen von Otto Bartning, dem, bei aller Selbstgefälligkeit und Glätte, manch gutes Zwischen-Wort als Gesprächsleiter zuzutrauen war? Vor allem: Was würden die Nicht-Architekten beitragen?
Eben noch Student gewesen, gerade erst europäische Maßstäbe gelernt und begriffen, bislang mehr der bildenden Kunst als der Architektur zugewandt, konnte man, wie ich, damals mit einiger Anstrengung noch das ganze Kunstschaffen (der Leser gestatte diesen ältlichen Begriff) im Blick haben. Noch war es möglich. Dem Krieg entkommen, glichen wir dürstenden Schwämmen, auch sechs Jahre später noch. Ungeachtet der hundsgemeinen Ernüch-

terungen, in die uns die Politik der Adenauer-Republik stürzte (durchaus vergleichbar der heutigen Ernüchterung insbesondere in den sogenannten Neuen Bundesländern), war unsere Stimmung immer noch die des frischen Aufbruchs: schon 1951 ein schöner Wahn. Uns selbst noch wie vor allem Anfang und frei fühlend, übersahen wir, wenn auch gewiß nicht geflissentlich, was da um uns herum längst an faktischer Restauration und geistiger Restriktion betrieben wurde. Und so war es eigentlich nicht nur die äußere, sondern auch unsere innere Situation, die uns junge Leute 1951 zu wachen, geschärften, kritischen und schließlich doch, ich muß es gestehen, zu dankbaren, wenn nicht – stellenweise – sogar begeisterten Zuhörern des zweiten Darmstädter Gesprächs machte.

Vierzig Jahre später kann ich diese Dankesschuld einlösen: Der vorliegende Band der Bauwelt Fundamente soll ein Ereignis vergegenwärtigen, das sich vor vierzig Jahren wiederum auf ein anderes, damals genau ein halbes Jahrhundert zurückliegendes Ereignis am selben Ort berufen konnte: auf die erste Ausstellung der Künstlerkolonie auf der Darmstädter Mathildenhöhe 1901, die sich *Ein Dokument Deutscher Kunst* nannte. Unglaublich, wie sich immer wieder Kontinuität herstellt und selber hilft!

So wiederhole ich meinen Wunsch, daß der Neudruck des Darmstädter Gesprächs *Mensch und Raum,* mag seine Sprache heute auch stellenweise antiquiert erscheinen, aufgefaßt werde als ein *Dokument der Hoffnung auf ein Bauen aus Menschenliebe.* Das hinzuschreiben, geht einem nicht leicht von der Hand und klingt fast zynisch eben jetzt, im Jahr des Golf-Kriegs, dieser ungeheuerlichen Niederlage der Aufklärung, der Menschenwürde, der Liebe. Oder im Jahr des kurzlebigen, doch darum nicht weniger lähmenden Putsches in der Sowjetunion. Eben darum aber kann es keinen besseren Zeitpunkt geben, dem Gespräch über *Mensch und Raum* sechs Jahre nach den Blutbädern, Verheerungen, Morden und Schrecknissen des Zweiten Weltkriegs aufs neue Geltung zu verschaffen. Es steht insgesamt für eine innere, geistige Haltung, ohne die alles Bauen das ihm aufgegebene humane Pensum verfehlen muß.

*

Der hier vorgelegte Neudruck des Darmstädter Gesprächs *Mensch und Raum* folgt, abgesehen von der Auslassung rein organisatorischer Mitteilungen, dem im Auftrag des Magistrats der Stadt Darmstadt und des Komitees Darmstädter Gespräch 1951 von Otto Bartning herausgegebenen Protokoll, 1952 vorgelegt von der Darmstädter Verlagsanstalt. Nicht aufgenommen in unseren Neudruck haben wir die Erläuterungen der „Meisterbauten", insgesamt elf Entwürfe für Bauvorhaben der Stadt Darmstadt auf dafür 1951 durchweg schon zur Verfügung stehenden Grundstücken. Einige dieser Projekte sind in den Folgejahren ausgeführt worden, nicht immer mit viel Beifall bedacht. Der Begriff „Meisterbauten" war von vornherein unglücklich. Dennoch, daß ausgerechnet ein so exorbitant sich von den Konventionen abhebender Entwurf wie der für eine Volksschule von Hans Scharoun (bezeichnenderweise im Protokoll *Alfred* Scharoun genannt) *nicht* realisiert wurde, ist – meine Meinung – eine der schlimmen Architektur-Niederlagen des ersten Nachkriegsjahrzehnts. Dieser Bau hätte – Schulbau, der er ist – Schule machen können; pädagogischer hat Scharoun, so behaupte ich, nicht ein zweites Mal mit einem Entwurf ins Baugeschehen eingegriffen. Wer weiß, welche Resignation er aus Darmstadt davongetragen hat, als Einübung auf spätere, scheinbar einschneidendere. Ich erinnere an den Theaterentwurf für Kassel.
Die authentischen Beschreibungen der Darmstädter „Meisterbauten" kann man in den inzwischen erschienenen Monographien der Architekten oder in den Katalogen der ihnen gewidmeten Ausstellungen nachlesen. Die Liste der „Meisterbauten" ist im vorliegenden Nachdruck am Ende des ersten Teils, *Die Ausstellung*, eingefügt.
Im übrigen ist mit Bedacht entschieden worden, langweilige Einführungen, Anreden, Danksagungen nicht zu streichen. Es werden da nicht selten Personen angesprochen und Namen genannt, mit denen sich Initiativen, Verantwortungen, mutige Interventionen zu Beginn der fünfziger Jahre, will sagen: zu Beginn deutscher Nachkriegsgeschichte, Raum West, verbinden. Es ist festzuhalten, daß es, woher sonst auch die Anstöße und Anregungen kamen, ein Oberbürgermeister und sein Stadtkämmerer gewesen sind, die die *Darmstädter Gespräche* – es waren fünf insgesamt in fünf aufeinander folgenden Jahren – zu wirkender Wirklichkeit werden ließen; ihre Namen: Dr. Ludwig Engel und Dr. Gustav Feick. Man fragt sich heute, wie Stadtkultur und Stadtbaukultur so schnell

verkommen konnten, da es doch solche Leute, und nicht nur diese beiden, in unseren Städten gab.

*

Diese einleitenden Hinweise und Begründungen zum Neudruck des Darmstädter Gesprächs 1951 können keinen besseren Schluß haben als die Präambel des Gesprächs, die damals auch die erste Ausstellungstafel füllte:

Bauen ist eine Grundtätigkeit des Menschen – Der Mensch baut, indem er Raumgebilde fügt und so den Raum gestaltet – Bauend entspricht er dem Wesen seiner Zeit – Unsere Zeit ist die Zeit der Technik – Die Not unserer Zeit ist die Heimatlosigkeit.

Das hieß uns hoffen.

Ulrich Conrads

DIE AUSSTELLUNG

vom 4. August bis 16. September 1951 auf der Mathildenhöhe in Darmstadt

Schirmherr: Der Ministerpräsident des Landes Hessen
Georg August Zinn
Veranstalter: Die Stadt Darmstadt

Geschäftsführer: Hans K. F. Mayer, Heidelberg

Ausstellungsbeirat: Stadtkämmerer Dr. Gustav Feick,
Darmstadt, Vorsitzender
Professor D Dr.-Ing. Otto Bartning,
Darmstadt
Oberregierungsrat Dr. Erdsiek, Wiesbaden
Professor Dr. Hans Gerhard Evers,
Darmstadt
Professor Peter Grund, Darmstadt
Prinz Ludwig zu Hessen und bei Rhein
Professor Hans Leistikow, Frankfurt/Kassel
Professor Ernst Neufert, Darmstadt
Gotthold Schneider, Darmstadt
Professor Dr.-Ing. Hans Schwippert,
Düsseldorf

Sachbearbeiter: Abteilung Baukunst 1901—1951
Hans K. F. Mayer, Heidelberg
Abteilung Kunsthandwerk
Prof. Dr. Günther Frhr. von Pechmann,
München
Abteilung „Meisterbauten"
Stadtoberbaudirektor
Professor Peter Grund

Graph. Gestaltung: Professor Hans Leistikow
mit der Werkakademie Kassel

BEGRÜSSUNGSANSPRACHEN

STADTKÄMMERER DR. GUSTAV FEICK:

Im Auftrag des Beirates der Ausstellung „Mensch und Raum" habe ich die Ehre, Ihnen, Herr Oberbürgermeister, die Ausstellung nunmehr zur Eröffnung zu übergeben. Gestatten Sie mir, meine Damen und Herren, einige Bemerkungen über die Ausstellung selbst und über ihre Bedeutung im Rahmen der Arbeit der Stadtverwaltung.
Es war seit langem für uns klar, daß es für die Stadt Darmstadt eine ernste Verpflichtung ist, die Tage der 50jährigen Wiederkehr der ersten Ausstellung der Künstlerkolonie Darmstadt auf der Mathildenhöhe feierlich zu begehen. Was die Männer, die im Mittelpunkt der Ausstellung 1901 standen, damals nicht wußten, wissen wir heute, nämlich, daß jene Ausstellung der Ausdruck einer echten, weil geistigen Revolution war. In Dankbarkeit gedenken wir deshalb heute des Großherzogs Ernst Ludwig, der der geistige Urheber dieses ganzen Unternehmens war, ein aufgeschlossener Monarch, der das Fragwürdige der scheinbar so guten alten Zeit erkannt hatte, dem wahrhaft Geistigen zugewandt war und ihm zum Durchbruch verhalf. In Dankbarkeit gedenken wir der Männer, die er um sich scharte, an ihrer Spitze Josef Maria Olbrich und Peter Behrens. Die Ausstellung 1951 durfte nicht ein irgendwie gearteter Abklatsch dessen sein, was 1901 geschah. Wir wollen uns ja nicht verschließen vor der Not unserer Tage, und wir wissen, daß die Aufgabe, die wir zu bewältigen haben, von dieser Not in erster Linie bestimmt wird. Es konnte sich deshalb nicht darum handeln, daß wir eine der üblichen Erinnerungsfeiern veranstalteten. Wir mußten aus dem Geist dieser Stadt heraus zu der Ablehnung von Plänen kommen, die heute und hier eine große Massenveranstaltung gebracht, aber zu den Problemen unserer Zeit keinen Lösungsversuch unternommen hätten. Die Feier durfte auch nicht in der dankbaren Rückschau stecken bleiben. Die Idee, die Erinnerung an 1901 unmittelbar mit unserer Gegenwartsaufgabe zu verbinden, geht im wesentlichen auf Herrn Dr. Troeger zurück, der heute hessischer Finanzminister ist, uns aber nun schon manches Jahr mit seinem Rat zur Seite steht, angezogen – wie

ich vermuten darf – von der Begeisterung und der Besessenheit, mit der wir alle und insbesondere unser früherer Oberbürgermeister und jetziger Kultusminister Ludwig Metzger dieser Stadt dienen. Ich darf diesen Dank an Herrn Minister Dr. Troeger wohl auch einmal ganz offiziell, aber deshalb nicht weniger herzlich zum Ausdruck bringen, und ich darf das um so unbeschwerter tun, als er in dem spannungsreichen Verhältnis Finanzminister – Stadtkämmerer heute oft auf der anderen Seite der Barrikade steht.

Mittelpunkt der Ausstellung sind die Entwürfe für die großen Bauten, die in unserer Stadt in den nächsten Jahren durchgeführt werden müssen. Die Männer, die wir aufgefordert haben, uns für wichtige Sozialbauten Entwürfe auszuarbeiten, werden zu den besten der heute tätigen Architekten gezählt. Es besteht die feste Absicht, diese Pläne in die Wirklichkeit umzusetzen, und wir haben die Hoffnung, daß – wenn diese Bauten erst einmal stehen werden – damit für unsere Stadt ein Anziehungspunkt ganz besonderer Art geschaffen sein wird. Man wird in Darmstadt sehen und studieren können, wie einige der besten Architekten in der Mitte des 20. Jahrhunderts gebaut haben, wie sie glaubten, bauen zu müssen. Wir hoffen, daß die Söhne und Enkel der heute verantwortlich arbeitenden Generation anerkennen werden, daß diese Bauten eine gültige Aussage, daß sie ein Dokument deutschen Bauens sind. Ob das so sein wird, das entscheiden nicht wir, aber auch nicht unsere Kritiker, das entscheidet allein die Zukunft. Wenn es so werden sollte, war uns das Schicksal gnädig.

Meine Damen und Herren, auf allen Gebieten des Lebens ist die Spanne von 1901 bis 1951 eine Zeit dramatischen Geschehens gewesen, und es war in diesen Zeitraum mehr hineingedrängt als sonst manchmal in Jahrhunderte. Träger und Urheber der Ausstellung 1901 war ein Fürst, der seine eigentlichen Aufgaben erkannt hatte. Träger des heutigen Unternehmens ist eine demokratische Stadtverwaltung. Als erste in Deutschland, soweit ich sehe, hat sie es unternommen, einen größeren Kreis von bedeutenden Architekten aufzufordern, die Erfahrungen ihres Lebens in Bauten dieser Stadt niederzulegen, hat sie es unternommen, breite Kreise jüngerer Architekten zu Wettbewerben aufzufordern. Ist es nicht vermessen, daß eine Stadtverwaltung ein solches Wagnis auf sich nimmt? Nun, gegenüber der guten alten Zeit hat sich, auch was die Aufgabe einer Stadtverwaltung angeht, eine tiefgreifende Änderung vollzogen. Verwaltung im engeren Sinne mag

ein größeres oder kleineres Übel sein, notwendig war sie und ist sie heute, ja leider heute mehr denn je. Und trotzdem ist diese Seite unserer Tätigkeit heute in die zweite Linie gerückt. Das zentrale Problem auf unserer kommunalen Ebene ist der Aufbau unserer Städte. Nicht nur der äußere, materielle Aufbau, sondern gerade auch das Ringen um die geistigen Probleme dieses Aufbaues. Wichtigste Aufgabe ist es, den Städten wieder ein geistiges Gesicht zu geben, wenn sie nicht zu zufälligen Anhäufungen von Menschen und Wohnungen werden sollen. Wenn wir uns um diese Dinge mühen, dann aus der schlichten Erkenntnis heraus, daß es sich heute um eine Aufgabe der Allgemeinheit handelt. Was früher ein aufgeschlossener geistlicher oder weltlicher Fürst oder ein reicher Kaufmann tat, ist heute als Aufgabe der Allgemeinheit zugefallen. Regierungen und Verwaltungen als Repräsentanten des Volkes müssen sich dieser ihrer Funktion bewußt sein, weil Leben und Sterben unseres Volkes und unserer demokratischen Ordnung davon abhängen. Auch eine Stadtverwaltung stellt, wenn auch eine bescheidene, so immerhin eine Machtposition dar, und wir wissen, schaudernd hat es unsere Generation miterlebt, wie Macht mißbraucht werden kann. Wir möchten einen guten Gebrauch machen von der Macht, die uns in die Hände gegeben ist, wir möchten sie dazu benutzen, in unserem Wirkungsbereich eine Plattform für die echte geistige Auseinandersetzung zu schaffen. Das aber ist seit vielen Jahrzehnten beste Darmstädter Tradition. Darmstadt war immer im guten Sinn, und das hat nichts mit Snobismus zu tun, eine Stadt des Avantgardismus, in der man sogar den Mut zum Experiment hatte.
Es ist kein Zufall, daß in dieser aus tausend Wunden blutenden Stadt 1946 bereits die Internationalen Ferienkurse für Neue Musik ihren Anfang nahmen, und daß wir der Deutschen Akademie für Sprache und Dichtung hier eine Heimstätte geboten haben. Es ist kein Zufall, daß wir die Institution des Darmstädter Gespräches geschaffen haben, und es ist auch kein Zufall, daß wir hier heute zur Eröffnung dieser Ausstellung beisammen sind. Für den avantgardistischen Geist dieser Stadt ist die Ausstellung von 1901 ebenso ein Beispiel wie die erste Ausstellung des Deutschen Expressionismus 1920, wie die revolutionären Zeiten des Darmstädter Theaters, vor allem unter Hartung – und wenn Sie weiter in die Vergangenheit gehen: es ist kein Zufall, daß zu den hervorragenden Männern von 1848 ein Heinrich von Gagern gehörte, und daß Georg Büchner ein Sohn dieser Stadt war. Dieser Stadt,

die wie alle alten kleinen Residenzen so manches Mal ein verdrießliches Übermaß an Spießigkeit zeigt, einer Stadt aber auch, in der immer wieder revolutionäre Temperamente vom Kriegsrat Heinrich Merck über Büchner bis zum jungen Edschmid unserer Generation durchbrachen. Und es ist ebensowenig zufällig, daß es gerade in dieser Stadt einen Großherzog Ernst Ludwig gab, den seine fürstlichen Vettern den „Roten Großherzog" nannten, weil er schon in den ersten Jahren dieses Jahrhunderts – horribile dictu – einen Sozialdemokraten als Beigeordneten bestätigte. Tradition und Atmosphäre dieser Stadt verpflichten. Es ist eine wunderbare, aber auch eine schwere Verpflichtung; denn wir fragen uns immer wieder: Dürfen wir Mittel für Dinge fordern, die nicht unmittelbar der Linderung der Not unserer Bevölkerung dienen? Wären wir arrogante Snobs, so würde für uns an dieser Stelle kein Problem entstehen. Aber niemand ist befugt, über diese Frage mit einer Handbewegung hinwegzugehen, wenn wir Ernst damit machen wollen, daß jeder Mensch unser Bruder ist. Wenn wir trotzdem manchmal ein bißchen nach den Sternen greifen, dann nehmen wir den Mut aus der Überzeugung, daß es eine Sünde wider den Geist und nicht zuletzt auch wider den Geist und die Zukunft dieser Stadt wäre, wollten wir nicht versuchen, der verpflichtenden Tradition dieser Stadt gerecht zu werden. Lassen Sie mich die hier auftretenden Schwierigkeiten an einem Bild verdeutlichen. Vielleicht sieht man noch ein, daß ein Mann wie Albert Einstein als Theoretiker und Wissenschaftler wichtig ist, auch für den bekannten, so oft zitierten „kleinen Mann", da sein Einfluß über Technik und Wirtschaft bis in das Leben des einzelnen Menschen hinein sichtbar wird. Aber ist ein Philosoph, ein Maler, ein Musiker oder ein Dichter für diesen „kleinen Mann" von Bedeutung? Nun, von allem anderen abgesehen, scheint mir, daß diese „unproduktiven" Philosophen, Maler und Musiker deshalb zumindest indirekt auch für den kleinen Mann von außerordentlicher Wichtigkeit sind, weil es ohne sie auch diesen Einstein gar nicht gäbe; denn dieser Einstein kann ja doch nicht als isoliertes Phänomen bestehen. Man muß doch begreifen lernen, daß der Geist etwas Unteilbares ist, daß hier gegenseitige Wechselwirkungen, Durchdringungen und Verzahnungen vorhanden sind, die man – um im Bilde zu bleiben – so formulieren könnte, daß es einen Einstein nicht geben könnte, wenn es nicht auch einen Heidegger gäbe, selbst wenn er nie ein Werk von ihm gelesen hätte, daß dieser Einstein nicht existierte, wenn es keinen Picasso gäbe, selbst wenn er dessen Bilder verabscheute, daß dieser Einstein undenkbar wäre ohne einen Arnold Schönberg, selbst wenn er keine Beziehungen zu dessen Musik hätte. Oder wer wollte leugnen, daß ein Denker wie Plato etwa auf die Prägung unseres ganzen Lebens und auch des Lebens des kleinen Mannes von außerordentlicher Bedeutung gewesen ist, selbst wenn dieser den Namen nie gehört hätte. Mit diesen vereinfachenden Beispielen soll nur unterstrichen werden, daß es eine entscheidende politische Aufgabe ist, klarzumachen, daß, wenn wir nicht dem Geistigen in seiner ganzen Breite Entfaltungsmöglichkeiten und Pflegestätten bereiten, die Menschheit in die Barbarei zurückfallen wird, von der sie wahrlich heute nicht mehr weit entfernt ist. Und um noch ein Wort zu einer anderen Seite des gleichen Problems zu sagen: Wenn behauptet wurde, daß Kultur immer die Ausbeutung bestimmter Klassen zur Voraussetzung hat, so wird die Demokratie zu beweisen haben, daß diese Ansicht falsch ist – oder sie wird untergehen. Wir glauben, unsere Funktion in dieser Auseinandersetzung sehr nüchtern zu sehen. Wir, d.h. von einer Verwaltung aus, können und dürfen – wollen wir nicht auf einen Kultur-Verwaltungsbetrieb absinken – kaum mehr tun, als Hilfestellung zu leisten, als zu helfen, daß die Weichen richtig gestellt werden. Unsere Funktion auf diesem Gebiet kann nur sehr bescheiden sein. Die eigentliche Aufgabe liegt bei denen, die die „Kommandohöhen des Geistes" besetzt halten. Denen, die es angeht, muß mit aller Eindringlichkeit gesagt werden: Der „elfenbeinerne Turm" ist nicht mehr eine Bastion des Geistes, sondern ein Verkehrshindernis. Er muß beseitigt und gesprengt werden, und seine Insassen täten gut daran, ihn vorher zu verlassen. Sie werden ihr Anliegen dem Volke näherbringen müssen; denn wir leben – wie es Ortega y Gasset formuliert hat – im Zeitalter des Aufstandes der Massen, der nicht mehr niedergeschlagen werden kann und nicht niedergeschlagen werden darf. Sie werden mit Wort und Tat um das Vertrauen des Volkes kämpfen müssen, wenn die unselige Kluft zwischen den Intellektuellen und den Arbeitern überbrückt werden soll. So und nur so wird es möglich sein, diesem Aufstand der Massen mit der Zeit eine wirkliche geistige Führung wiederzugeben, so und nur so auch wird der echten geistigen Leistung wieder die Wertschätzung und der Respekt zurückerobert werden können, auf die sie einen Anspruch hat. Wenn wir, meine Damen und Herren, unserer Aufgabe einigermaßen, wie wir glauben sagen zu dürfen, gerecht werden können, dann muß aber auch ein Wort sehr herzlichen Dankes unseren Stadtverordneten gesagt werden, die mit wenigen Ausnahmen den von uns vorgeschlagenen Weg mitgegangen sind. Ich weiß, daß mancher Beschluß unseren Stadtverordneten nicht leicht geworden ist – so wenig wie uns im Magistrat –, aber ich glaube, es gehört mit zu der Atmosphäre unserer Stadt, daß die Darmstädter Stadtverordneten – und sie tragen letzten Endes die politische Verantwortung – sehr genau wissen, daß eine Stadt wie die unsere „nicht vom Brot allein" leben kann. Darmstadt darf, trotz der Notzeit, in der wir leben, nicht herabsinken auf das Niveau eines gleichgültigen Städtchens, in dem man so gut wie in einem anderen leben kann. Unsere Stadt steht und fällt damit, daß sie im Sinne der besten Tradition diesen Kampf um die geistige Substanz führt. Unsere Aufgabe, die wir uns gestellt haben, wird dann erfüllt sein, wenn wir mit gutem Gewissen feststellen können, daß Darmstadt, um es mit einem Wort zu sagen, wieder eine lebendige Stadt geworden ist. Möge auch diese Ausstellung zu diesem Ziel führen! In diesem Sinne darf ich Sie, Herr Oberbürgermeister, bitten, die Ausstellung zu eröffnen.•

Beifall

OBERBÜRGERMEISTER DR. LUDWIG ENGEL:

Sehr verehrter Herr Ministerpräsident!
Meine sehr geehrten Damen und Herren!
Ich habe die Ehre, Sie im Namen des Magistrats der Stadt Darmstadt und der Stadtverordneten zur Eröffnung des Darmstädter Gespräches 1951 und der Ausstellung „Mensch und Raum", die wir zur Erinnerung an die erste Ausstellung und die Begründung der Darmstädter Künstlerkolonie veranstalten, von ganzem Herzen willkommen zu heißen. Es entspricht hier einer guten Übung, die Begrüßungen zu beschränken, und ich möchte trotz der besonderen Festlichkeit des Anlasses auch heute von diesem Brauch nicht abweichen, da ich ja doch nur Gefahr liefe, in der Reihenfolge der Namensnennung das Zeremoniell und die Etikette zu verletzen, wofür ich Sie dann um Entschuldigung zu bitten hätte. Erlauben Sie mir daher, Ihnen aufrichtig zu versichern, daß die Anwesenheit so hervorragender Vertreter der Regierung – an ihrer Spitze der Herr Ministerpräsident, dem wir herzlichst dafür danken, daß er die Schirmherrschaft über die Ausstellung übernommen hat –, von Vertretern der Behörden, Verbände und Institutionen und

so bedeutender Repräsentanten der Kunst und Wissenschaft, der freischaffenden Künstler und der freien Berufe für uns eine Auszeichnung bedeutet, die wir freudig und dankbar anerkennen. Mein Vorredner, Herr Stadtkämmerer Dr. Feick, hat bereits eine Reihe glanzvoller Namen aufscheinen lassen und Ereignisse beschworen, die den Darmstädter Geist gültig vertreten. Auch hat er eine geistige Zusammenschau gegeben und grundsätzliche Ausführungen zu den mäzenatischen Aufgaben eines modernen demokratischen Gemeinwesens gemacht, die sicherlich das alles widerspiegeln, was wir selbst denken und empfinden. Gestatten Sie mir gleichwohl, die Zeichnung noch um die eine oder andere Kontur zu ergänzen. Lassen Sie mich daher zunächst neben den schon genannten Heinrich von Gagern, Georg Büchner, Johann Heinrich Merck und Kasimir Edschmid erwähnen: Helfrich Peter Sturz, der die Gesellschaft seiner Zeit glossiert hat, Georg Christoph Lichtenberg, dessen aphoristisches Werk heute noch lebt, Ernst Elias Niebergall mit seinem Datterich, der die Gesetze der bürgerlichen Gesellschaft fortdauernd übertritt, Karl Wolfskehl und Friedrich Gundolf aus dem Stefan-George-Kreis, Wilhelm Michel, den Essayisten und Hölderlinforscher, und Hans Schiebelhuth, den Übersetzer und Dichter. Fritz Usinger, den ich auch an dieser Stelle zitieren möchte – ich tat es neulich schon bei der festlichen Übergabe des Ernst-Ludwig-Hauses an die Deutsche Akademie für Sprache und Dichtung –, spricht von allen, die ich erwähnt habe, in seinem Aufsatz über „Darmstadt als Residenz der kritischen Geister", in dem er erneut zusammenfassend sagt: „Die literarischen Formen der Äußerungen in Darmstadt sind der Essay, der Aphorismus, das Lustspiel, das zeitkritische Drama und der zeitkritische Roman." Aber, meine sehr verehrten Damen und Herren, bei aller Liebe zu diesem Darmstädter Geist und den Darmstädter Geistern, ihrer besonderen Wesensart und eigenen Prägung, dürfen wir uns nicht darüber hinwegtäuschen, daß der Geist und die Geister zunächst nur wenigen zugänglich waren. So waren es gegen Ende des 18. Jahrhunderts, in der Zeit des fürstlichen Absolutismus, wenige kleinste Kreise, die Merck mit Goethe, Gleim, Wieland, Herder und der Karoline Flachsland unter dem verstehenden Schutz der großen Landgräfin Karoline vereinten. Und als Karoline tot war, als Goethe, vom Schicksal emporgehoben, in Weimar Triumphe feierte und Herder und Karoline Flachsland fern von Darmstadt lebten, war das geistige Leben Darmstadts, das geistige Leben des hessischen Kulturmittelpunktes, verdorrt. Es waren daher sicher nicht nur, wie schon oft festgestellt, das Mephistophelische in Mercks Wesen, der Schiffbruch, den er in wirtschaftlichen Unternehmungen erlitt, und mancherlei Krankheit, die ihn dazu bestimmten, das Leben aufzugeben. Sondern nach Karolinens Tod und einer Reise nach Paris, die ihm das erwachende Frankreich, das vorwärtsdringende Bürgertum und das blühende Leben zeigte, mußte er die Enge des Hofes und der Stadt und die Unübersteigbarkeit der Schranken und Mauern so qualvoll empfinden, daß er am 27. Juni 1791 zur Waffe griff.

Jahrzehnte gingen dahin, bis in Deutschland der Untertan zum Bürger und das Bürgertum wenigstens zum Mitträger der Kunst und Kultur wurde. So war noch im Jahre 1901 die Begründung der Darmstädter Künstlerkolonie, wie mein Vorredner schon sagte, das Werk eines Monarchen. Ein Dokument deutscher Kunst nannten stolz und selbstbewußt der Großherzog, Olbrich, Behrens, Christiansen, Habich, Bürck und Patriz Huber ihr Werk. Darmstadt wurde erneut hessischer Kulturmittelpunkt. Die neuen und zum Teil revolutionären Gedanken setzten sich durch und befruchteten die gesamte deutsche Kunst. Der Darmstädter Stil war geprägt. Er fand zum Teil Ablehnung und noch mehr begeisterte Zustimmung, jedenfalls überall entscheidende Beachtung. Die folgenden Ausstellungen und künstlerischen Unternehmungen standen im Zeichen tatkräftiger Mithilfe des gebildeten und besitzenden Bürgertums. Dem Dokument deutscher Kunst folgte die Ausstellung 1904, Ernst Ludwig rief 1906 die Lehrateliers für angewandte Kunst ins Leben, von deren Einfluß die hessische Landesausstellung 1908 zeugte. Mit der großen Kunstausstellung 1914, die noch eindringlich in meine Jugenderinnerungen hereinleuchtet, ging eine glanzvolle Epoche zu Ende. Lassen Sie mich Ihnen zitieren, da es nach meiner Meinung nicht eindrucksvoller gesagt werden kann, was Paul Fechter in seinen „Menschen und Zeiten" hierzu sagt: „Ende Mai 1914: Der Großherzog Ernst Ludwig von Hessen und sein künstlerischer Beirat, der Professor Georg Biermann, laden zur Eröffnung der Jahrhundertausstellung nach Darmstadt. Es ist herrliches, strahlendes Wetter; von Jugenheim, wo wir gerade den Frühlingsurlaub verbrachten, zur Mathildenhöhe ist ein Katzensprung, und eine angenehme Abwechslung ist es auch, zumal es gleichzeitig eine große Kunstgewerbe-Ausstellung gibt. In Darmstadt begegnet man schon am Bahnhof der halben deutschen Kunstgeschichte, vor allem den jüngeren Semestern, und die 'Trau-

be', *das* Hotel der Stadt, wirkt wie ein Kongreß zum 60. Geburtstag von Wölfflin, Adolph Goldschmidt oder Georg Dehio. Bei der Eröffnung der Ausstellung im Schloß kennt jeder jeden, und der Großherzog, der Herr der Mathildenhöhe und ihr Schöpfer, kennt sich ebenfalls wie ein Kunsthistoriker unter seinen Gästen aus ... Er hat die diskret zurückhaltende, fast bescheidene Wohlerzogenheit, die um jene Zeit einen zivilen Typ gut aussehender junger geistiger Menschen zu schaffen beginnt ... Zugleich ist etwas wie Abgeschlossensein über seinem Gesicht, als ob eine Ahnung in ihm ist von dem, was das Geschick noch für ihn und die Seinigen aufgespart hat ...
Es ist ein herrlicher Tag Ende Mai, an dem die Ausstellung eröffnet wird. Alles strahlt; über der Stadt und dem Land leuchtet noch ein Rest von Blühen; zugleich aber ist etwas in der Luft, als ob man schon spürte, daß dieses alles, Kunst und Feste, das strahlende Leben und der Glanz eines gepflegten, kulturvollen deutschen Hofes, Abschied ist, letztes Abendlicht vor einer Wende, die all dieses nur zu bald dahinraffen wird. Mittags ist die Eröffnung; Georg Biermann, im Alter oder in der Jugend dem Großherzog nahe, macht als Leiter der Ausstellung gemeinsam mit ihm die Honneurs ... Am Nachmittag saß man im Platanenhain ... Am Abend aber gab es ein Fest im Schloß. Es begann mit einer Aufführung von Goethes 'Laune des Verliebten' in dem kleinen Naturtheater im Schloßgarten. Der Abend war herrlich, leuchtend, warm; die Schwalben schossen pfeifend vor dem hellen Himmel über den verschnittenen Buchenhecken dahin. Die leichte Maskerade der Gefühle klang mit der heiteren sommerlichen Festlichkeit des sinkenden Maitages zusammen wie zu einem Sinnbild des ganzen Unternehmens. Die leichte Schar aus fröhlichem Jahrhundert blieb mühelos Sieger über alles Gegenwärtige, bis auf einmal statt des hellen Pfeifens der Schwalben aus der abendlichen Höhe ein anderer Gruß herniederklang. Ein leises, tiefes, metallisches Summen kam näher, alle Geräusche des Tages, zuletzt auch die Worte des jungen Goethe übertönend: Über Schloß und Garten zog ein Flieger seine Bahn ..., die Blicke der Zuschauer glitten hinauf ins Blaue ... Erst als der Flieger über dem Schloß im Abend entschwand, kam das Schäferspiel wieder zu seinem Recht ... Etwas von dieser Stimmung blieb auch über dem Fest des Abends. Es gab im Schloß noch ein weiteres dramatisches Zwischenspiel: Der Großherzog ließ seinen Gästen von Mitgliedern seines Hoftheaters Hofmannsthals 'Tod des Titian' vorspielen. Oh-

ne Dekoration, vor schlichten dunkelroten Vorhängen stieg der schwere feierliche Glanz dieser Verse auf – und er ergab wieder eine Stimmung des Abschieds von einer Welt, die eine der reichsten und schönsten Europas gewesen war ... Es waren nur Augenblicke, Sekunden, in denen ein unterirdisches Grauen vor etwas Ungreifbarem ebenso an die Seelen rührte wie wenige Stunden zuvor draußen das drohende Vorüberziehen des Flugzeugs: Das Erdbeben meldete sich, und die Menschen spürten es, wenn sie es auch sehr bald wieder vergaßen."

Meine Damen und Herren! Das Erdbeben kam wenige Monate nach der Eröffnung der Ausstellung. – Krieg, Zusammenbruch und Revolution führten auch auf dem Gebiete der Kunst zu tiefgreifenden geistigen Umwälzungen. Neue Konzeptionen meldeten sich zu Wort, überall sah man in revolutionären Angriffen auf Gewesenes den Versuch einer echten Vergegenwärtigung. Und Darmstadt wird mit wagemutigen Ausstellungen, von denen die aufwühlende expressionistische schon genannt wurde, mit dem Kreis um die Dachstube und dem Tribunal, zu dem unter anderen Carlo Mierendorff und Theodor Haubach gehörten, mit der Gesellschaft für neue Musik, mit der Schule der Weisheit, mit dem Landestheater unter dem bereits erwähnten Hartung und später unter Legal und Ebert wiederum zum hessischen Kulturmittelpunkt. Und nunmehr geht die Diskussion in die Breite, hinein in die Kreise der Werktätigen, die durch vorbildliche Organisationen am geistigen Leben der Stadt teilnehmen und es mittragen. Das ging so, bis wir mit Entsetzen von jener Kreatur hörten, die den Revolver entsichern zu müssen behauptete, sobald nur von Kultur die Rede wäre, bis die Herrschaft der braunen Toga anbrach, die uns ein Ruinenfeld und einen Stoppelacker im materiellen und geistigen Bereich hinterließ.

Mit der Umgestaltung unseres politischen Lebens verlor Darmstadt seine Eigenschaft als Landeshauptstadt, als Regierungssitz und damit zunächst die Existenzgrundlage einer Wohn- und Beamtenstadt. Mancherlei Versprechungen, die Stadt für die weggenommenen Landesbehörden durch andere wichtige Institutionen zu entschädigen, wurden vielfach nicht eingelöst. Aber das alles konnte niemals die Vernichtung Darmstadts, seines Geistes und des Mutes und Aufbauwillens seiner Menschen bedeuten. Aus der Erkenntnis heraus, daß das kulturelle Leben einer Stadt auf einer tragfähigen wirtschaftlichen Basis ruhen muß, und daß nur bei Vorhandensein dieser Grundlage die öffentliche Hand die ihr

heute zukommende Rolle des Mäzens spielen kann, bemüht sich die Stadtverwaltung, durch Neuansiedlung von Betrieben und Unternehmungen der Stadt eine neue Existenzgrundlage zu verschaffen. Daß diese Bestrebungen auf die verständnisvolle Förderung des Landes gestoßen sind, soll an dieser Stelle dankbar anerkannt werden. Darmstadt hat auch sein geistiges Gesicht nicht verloren. Herr Stadtkämmerer Dr. Feick hat bereits in diesem Zusammenhang die Internationalen Ferienkurse für Neue Musik, die Deutsche Akademie für Sprache und Dichtung und die Darmstädter Gespräche erwähnt. Lassen Sie mich, um den Rang des kulturellen Darmstadt unserer Tage zu verdeutlichen, das Programm des Darmstädter Kunstsommers 1951 zitieren, das für das geistige Profil und Klima dieser Stadt mehr als lange Reden sagt:
Frühjahrsausstellung der Freien Darmstädter Künstlervereinigung, „Wiedererstandene Vorzeit" – Ausstellung des Landesamtes für Bodendenkmalpflege, 4. Arbeitstagung des Instituts für Neue Musik und Musikerziehung, Ausstellung „Architektur der USA seit 1947", Feier der Einweihung und der Übergabe des Ernst-Ludwig-Hauses an die Deutsche Akademie für Sprache und Dichtung, 6. Internationale Ferienkurse für Neue Musik mit dem 2. Internationalen Zwölftonkongreß und der Welturaufführung „Der Tanz um das goldene Kalb" von Arnold Schönberg, Musik der jungen Generation, Arbeitstagung Musik und Technik, Ausstellung moderner französischer Graphik, „Mensch und Raum" – Ausstellung und Darmstädter Gespräch 1951, Gedächtnisausstellung zum 100. Todestag von Heinrich Schilbach, Eröffnung der Spielzeit 1951/52 des Landestheaters Darmstadt in Oper und Schauspiel unter neuer Intendanz von Gustav Rudolf Sellner, Ausstellung deutscher farbiger Graphik, Herbstausstellung der Neuen Darmstädter Sezession, Verleihung des Georg-Büchner-Preises, erstmals als Literaturpreis der Deutschen Akademie für Sprache und Dichtung während der Jahrestagung der Akademie, Gesamtschau des bildnerischen Werkes von Ernst Barlach im Zusammenhang mit der Uraufführung seines nachgelassenen dramatischen Werkes „Der Graf von Ratzeburg" durch das Landestheater Darmstadt.
Meine Damen und Herren! Auch das kulturelle Darmstadt dieser Tage wandelt, wie Sie sehen, nicht auf der Straße, die man für das wohlkonservierte Gestrige in Deutschland manchenorts zu bauen beginnt. Darmstadt hat nicht die Absicht, sich von dem Gespinst restaurativer Pläne einhüllen zu lassen, die allerwärts und in vielerlei Hinsicht mehr oder weniger dreist entwickelt werden, und

es denkt nicht daran, sich zu einer kulturellen Betriebsamkeit zu bekennen, die sich in Festlichkeiten und Festspielen mit mehr oder minder gedankenlosen Programmen und vor einem zufällig mehr oder weniger gedankenlosen Publikum äußert. Wir sind uns mit den Besten darüber einig, daß nicht der falsche Glanz festlicher Repräsentation neue Begeisterung zu entfachen vermag, sondern nur die mühevolle, sich über Jahre erstreckende Pflege echter schöpferischer Leistung. Es genügt auch nicht der Hinweis auf Erbe und Tradition, denn beide sind Schall und Rauch, wenn wir nicht das Bewußtsein ihres Wertes in uns tragen. Dieses Bewußtsein neu zu wecken und jeder vorwärtsdrängenden Gestaltung im Bereiche der Kunst und Kultur Raum zu geben, sieht Darmstadt als seine Aufgabe an.

In diesem Sinne werden die Darmstädter Veranstaltungen und Leistungen der letzten Jahre, werden die Veranstaltungen und Leistungen des diesjährigen Darmstädter Kunstsommers, werden „Mensch und Raum" – Ausstellung und Darmstädter Gespräch 1951 – sicherlich den Beweis erbringen, daß Darmstadt noch immer der kulturelle Schwerpunkt dieses Landes ist.•

Beifall

MINISTERPRÄSIDENT GEORG AUGUST ZINN:

Herr Oberbürgermeister,
meine sehr verehrten Damen und Herren!
Als ich aufgefordert wurde, die Schirmherrschaft über die Ausstellung „Mensch und Raum" zu übernehmen, habe ich gern zugesagt, weil ich in den Fragen, die durch diese Darmstädter Jubiläumsausstellung und das in ihrem Rahmen stattfindende Gespräch aufgeworfen werden, nicht nur künstlerische, architektonische, städtebauliche, sondern in zumindest gleichem, vielleicht sogar stärkerem Maße sozialpolitische und allgemein menschliche Probleme sehe. Die Sorgen des Staates und der Gesellschaft finden heute weniger denn je dort ihre Grenze, wo es sich darum handelt, den Menschen die Möglichkeit zur Arbeit, die Mittel für Nahrung und Kleidung zu beschaffen. Der moderne Staat ist durch die Ereignisse der Vergangenheit gezwungen, sich in viel stärkerem Maße auch mit dem Bauen, den Bauwerken der öffentlichen Hand und dem Wohnungsproblem zu beschäftigen, als es je zu einer Zeit notwendig und üblich war. Eine geistlose Bauentwicklung, geformt nach dem Willen eines Diktators, der sich auf diesem

Gebiete als Fachmann fühlte, dessen Interesse an der Zusammenfassung von Menschen in Lagern und Kasernen weit größer war als an der Fürsorge für das Wohlbefinden des einzelnen und der Familie, und die sinnlose Zerstörung von Wohnraum haben uns vor die nicht einmal in einem Jahrzehnt lösbare Aufgabe gestellt, die finanzielle Kraft der Gemeinschaft bis an die Grenzen des Möglichen dafür einzusetzen.
Wenn man heute, um ein ganz auffallendes Beispiel zu erwähnen, in Köln über den Sachsenring fährt, über jene vielleicht nur der Tiergartenstraße in Berlin vergleichbare frühere Wohnstraße, in der in alten Parks schöne Villen standen, die von dem Reichtum mehrerer Generationen zeugten, und heute sieht, wie sie sechs Jahre nach Kriegsende immer noch als Ruinen emporragen und sich niemand findet, sie wieder aufzubauen, dann wird es klar, daß diese ehemalige, in ihrer Zeit als schön empfundene Pracht für immer dahin ist. Der mit ihr verbundene Luxus kann nicht wieder erstehen, zumindest deshalb, weil die Grundlagen, das Volksvermögen einer einst reichen Nation, durch zwei Weltkriege, eine dazwischenliegende Diktatur und zwei Inflationen vernichtet worden sind. Darüber darf uns auch die Tatsache nicht hinwegtäuschen, daß es in Deutschland schon wieder einen sehr krassen Gegensatz zwischen arm und reich gibt, und daß vielleicht mancher der Neureichen in einem prunkvollen Bau einen seinem Wesen und seinem Namen entsprechenden Lebensstil sieht.
Der Politiker kann an der Tatsache, daß er die Steuerkraft eines verarmten Volkes verwaltet, und daß er sie in erster Linie einsetzen muß, um die Kriegsfolgen zu beseitigen, nicht vorübergehen. Jeder muß sich darüber klar sein, daß der Lebensstandard des einzelnen und der unseres ganzen Volkes trotz allen Fleißes, trotz aller Intelligenz in absehbarer Zeit nicht jenen Stand erreichen kann, den er früher einmal gehabt hat, denn es gibt auch niemanden unter uns, der sich den Folgen der Vergangenheit entziehen kann. Daran muß die Wirtschaft denken, wenn sie ihre Gewinnspanne errechnet, aber auch der Beamte, der Angestellte und der Arbeiter, wenn er Gehalts- und Lohnforderungen stellt. Daran wird aber auch ständig die öffentliche Hand, werden Städte, Land und Bund erinnert, wenn sie das zu Erstrebende an den zur Verfügung stehenden Mitteln messen. Und gerade bei dem Bestreben, das Problem des Wiederaufbaues einer Stadt, das Wohnungsproblem, schnell und gut zu lösen, wird uns bewußt, daß die dringendsten Notwendigkeiten nur allzu oft ihre Grenze am finanziellen Un-

vermögen finden, weil auch die Gemeinschaft eben an Steuern und Krediten nicht mehr ausgeben kann, als vorher erarbeitet werden konnte.
Das bedeutet für den Städtebau, für die Errichtung von Bauwerken, die Gemeinschaftsaufgaben dienen – und die an Modellen jetzt ja gerade in dieser Ausstellung gezeigt werden –, aber auch für den Wohnungsbau, mit den zur Verfügung stehenden öffentlichen und privaten Mitteln bei größter Sparsamkeit die höchste Leistung zu vollbringen. Das gilt, wie ich sage, für den privaten Bau, für den Wohnungsbau und für alle Bauten der öffentlichen Hand. Und dem muß auch der Künstler, muß auch der Architekt Rechnung tragen. Er kann und darf sich dabei sagen, daß Luxus nicht gleichzusetzen ist mit Schönheit, Sparsamkeit nicht mit Minderwertigkeit. So, wie die Schönheit einer Frau nicht abhängig ist von der Kostbarkeit ihrer Gewänder, sondern von ihrer natürlichen Anmut, so liegt auch oft in der durch Ideen und mechanische Arbeit gestalteten höchsten Einfachheit die größte Schönheit.
Nun noch etwas anderes. Wir waren lange daran gewöhnt, beim Bauen von öffentlichen Bauwerken, aber auch beim Wohnungsbau die Probleme des Raumes stark von der Fassade abhängig zu machen. Erst wenn sich der Bauherr für den äußeren Aufriß entschieden hatte, ging er an die zweckmäßige Aufteilung und Gliederung der Räume. Wir haben lange Zeit zu sehr für die Straße und für die, die sich Häuser von außen ansehen, gebaut und zu wenig daran gedacht, daß sie für Menschen vorgesehen waren, die darin arbeiten, leben und wohnen sollen. Deshalb war es wohl eine der revolutionärsten Veränderungen im Bauwesen, als Architekten daran gingen, auch die äußere Form des Hauses von den Raumbedürfnissen der Familie abhängig zu machen. Der Anblick solcher Häuser war oft ungewohnt und tat manchmal sogar dem Auge weh. Um so wohltuender berührte es uns dann, wenn man die Schwelle überschritt und eine zweckentsprechende, ausgeglichene und darum geradezu schöne Form der Aufgliederung im Innern feststellen konnte. Unter die Idee der Schönheit und Zweckmäßigkeit sollten wir deshalb gerade in den Zeiten der Armut den Wohnungsbau und die Errichtung öffentlicher Bauwerke stellen. Dann werden wir um so leichter auch die Form finden, die der sichtbare Ausdruck einer neuen demokratischen Ordnung ist, die unserer Zeit entspricht, die in wenigen Jahrzehnten wieder ersetzen muß, was einst Generationen schufen,

und die trotzdem versucht, die Armut der Gemeinschaft mit der Würde des einzelnen in Einklang zu bringen.
Meine sehr verehrten Damen und Herren! Ich danke dem Magistrat der Stadt Darmstadt, allen, die am Zustandekommen der Ausstellung beteiligt waren, allen, die sich bemühen, in ernsthaftem Gespräch das Thema „Mensch und Raum" in seiner Vielseitigkeit zu gliedern. Ich bin überzeugt, daß der Aufwand und die Mühe, das Problem „Mensch und Raum" in seiner Vielseitigkeit zu erörtern, sich lohnt, wenn wir uns darüber klar sind, daß die Lösung des menschlichen Wohnbedürfnisses und die Möglichkeit der zweckmäßigen und schönen Baugestaltung nur ein Teil der Aufgabe sind, eine bessere Ordnung in das gesamte Zusammenleben der menschlichen Ordnung zu bringen. Eine den Bedürfnissen aller entsprechende wirtschaftliche Ordnung, die Unterbringung von Millionen, die ihre Heimat verloren haben, in Arbeit und Wohnraum, die Wiedereinrichtung zahlloser zerstörter öffentlicher Gebäude und Werte, das sind Riesenprobleme unserer Zeit, innerhalb derer diese Ausstellung und das Darmstädter Gespräch eine Teillösung auf einem für den Menschen wesentlichen Gebiet erstreben. Die hessische Regierung darf für sich in Anspruch nehmen, ihre Tätigkeit konsequent auf das Ziel einer neuen und besseren Ordnung gerichtet zu haben. Sie hofft, dabei in immer stärkerem Maße die Unterstützung des ganzen Volkes zu finden, damit ihre Absichten Wirklichkeit werden, der Hessenplan durchgeführt, die Verwaltung durchgreifend reformiert und eine territoriale Reform in uneigennütziger Weise durchgeführt werden kann. Wir hoffen, daß diese politische Zielsetzung der sozialen Situation unserer Zeit Rechnung trägt und damit auch einen Beitrag leistet zu einer neuen Ordnung in unserem größeren Vaterland.
In einer sehr angesehenen Zeitung dieser Stadt ist heute ein Leitartikel erschienen, den ich zu Gesicht bekommen habe, als ich vorhin in Darmstadt ankam, und der eine Mahnung an mich als den Schirmherrn dieser Ausstellung enthält: die Mahnung, dann, wenn ich den Schirm, den ich über diese Ausstellung zu halten habe, zusammengeklappt habe, den Sinn dieser Ausstellung und die Aufgabe, die mit und durch sie gestellt ist, nicht zu vergessen. Und es wird weiterhin darin die Mahnung ausgesprochen, diese Ausstellung in Darmstadt nicht nur ideell, sondern auch materiell zu fördern. Ich darf, ohne unbescheiden zu sein, sagen, daß die hessische Regierung diese Ausstellung nicht nur ideell gefördert

hat, ja, daß auf ihre Ausgestaltung Mitglieder der Landesregierung nicht nur einen sehr wesentlichen Einfluß genommen haben, sondern daß die Regierung darüber hinaus auch diese Ausstellung materiell in erheblichem Umfang unterstützt hat. Dieser Artikel enthält weiterhin taktvoll und vorsichtig die leise Andeutung, daß diese Stadt nach ihrer Tradition und ihrem Verdienst eigentlich die Hauptstadt des Landes sein müsse.• *Heiterkeit*

Sie werden verstehen, daß ich zögere, die Rolle des Paris zu übernehmen, der unter den Schönen die Schönste küren sollte; denn es gibt in diesem Lande Hessen in seiner gegenwärtigen Gestalt zumindest drei Städte, die glauben, nach Tradition und Verdienst den Anspruch erheben zu können, eigentlich die Landeshauptstadt sein zu müssen, wobei ich noch gar nicht einmal an Frankfurt am Main denke, das sich immer noch heute gern an die Zeit der alten freien Reichsstadt erinnert und daran, daß es tatsächlich einmal so etwas wie die Hauptstadt des Heiligen Römischen Reiches Deutscher Nation war. Aber wenn diese Andeutung dahin zu verstehen ist, daß Darmstadt eine Hauptstadt des Geistes in diesem Lande, der Kultur dieses Landes sein will und ist, dann allerdings kann ich in vollem Umfang beipflichten, und ich möchte hinzufügen, daß ich glaube, es will es. Wir haben im Rahmen unserer Möglichkeiten und Kraft in der Vergangenheit versucht, dieser Stadt wegen ihres lebendigen Aufbauwillens und ihrer Aufbaubereitschaft materiell zu helfen, soweit das irgendwie möglich war. Sie werden nicht verlangen, daß ich den Schleier über die heimlichen Beziehungen, die zwischen dem Herrn Finanzminister und dem Herrn Stadtkämmerer bestehen, lüfte,• *Heiterkeit* denn ich möchte keinen Sängerwettstreit der Oberbürgermeister in Hessen auslösen.• *Heiterkeit* Aber ich möchte doch zum Ausdruck bringen, daß uns Darmstadt wie seither am Herzen liegt, nicht, weil wir damit eine der Städte im Kranze der hessischen Städte einseitig bevorzugen wollen, sondern um der Aufgaben willen, die hier gestellt sind, und die diese Stadt sich stellt. Es ist natürlich, daß wir als Landesregierung am ehesten dort helfen werden und können, wo sich dieser Aufbauwille am stärksten zeigt, und so hoffe ich, daß starke unterstützende Impulse von dieser Stadt und gerade von dieser Ausstellung weit in das Hessenland hinausgehen, aber darüber hinaus auch in das gesamte Bundesgebiet.

In diesem Sinne wünsche ich der Stadt zu diesem der geistigen Situation unserer Zeit entsprechenden Unternehmen eine ebenso große und nachhaltige Wirkung, wie sie in anderen, ebenso zeit-

bedingten wirtschaftlichen Verhältnissen die Ausstellung der
Darmstädter Künstlerkolonie hatte.• *Beifall*

KULTUSMINISTER LUDWIG METZGER:

Meine sehr verehrten Damen und Herren, liebe Freunde!
Es ist ein wichtiger und bewegender Augenblick, wenn diese Ausstellung „Mensch und Raum" und das neue Darmstädter Gespräch über das gleiche Thema eröffnet werden. Ich spreche heute als einer der Vertreter der Landesregierung, ich darf und will dabei aber nicht vergessen, daß ich nach dem schweren Zusammenbruch mein Wirken hier in dieser Stadt, in meiner Vaterstadt, begonnen habe. Und wenn das Thema „Mensch und Raum" zur Diskussion gestellt wird, dann kann man ebensowenig vergessen, wie diese Frage uns in einer außerordentlichen Weise bewegt hat. Ich denke daran, wie im Jahre 1945 der Mensch kaum noch Mensch sein konnte. Hier in dieser Stadt und an vielen anderen Stellen war er oft nicht mehr als ein Höhlenbewohner, und alles, was mit der Frage „Mensch und Raum" zusammenhing, war eine Angelegenheit höchster Primitivität. Wir haben uns über jeden Dachziegel, den wir herbeischaffen konnten, gefreut. Es war die Zeit, in der wir im Lande herumgereist sind, um Blechziegel aufzutreiben, damit überhaupt eine Möglichkeit gefunden wurde, daß Menschen wieder ein Dach über dem Kopf hatten. Aber von vornherein sind wir uns darüber im klaren gewesen, daß es nicht nur darum gehen konnte, einfach die primitiven Bedürfnisse zu befriedigen, sondern das, was neu werden sollte, zu gestalten. Ich habe es in dieser Stadt miterlebt, wie Kämpfe darum geführt worden sind, daß man die richtige Gestaltung findet. Man braucht nur etwa an die Frage der Verbreiterung der Straßen zu denken und an alle die Probleme, die auftauchen, wenn man eine Stadt so gestalten will, daß Menschen in ihr menschenwürdig leben und arbeiten können, daß der Verkehr sich reibungslos entfalten kann, und daß sie als Anziehungspunkt auch für Auswärtige wirkt. Wenn man das Thema „Mensch und Raum" überdenkt, kommen mancherlei Erwägungen. Das Wort „Raum" hat in der Vergangenheit zum Teil eine vielfältige, zum Teil aber auch eine sehr eindeutige Auslegung erfahren. „Raum" war ein schwer mißbrauchtes Wort. Man hat bei uns von dem Lebensraum gesprochen, der erobert und durchdrungen werden muß. Denken wir an den

Raum im Osten und an alles, was damit an Gefühlsmäßigem, Unklarem und zugleich Gewalttätigem verbunden war, und denken wir an alles das, was in diesem Zusammenhang in der Literatur lebendig geworden ist. Der „Raum" reizte unsere Gewalthaber dazu, ihr Gefühl für das Grenzenlose zu steigern, ihn in hybrider Maßlosigkeit zu begehren. Deswegen weckt das Wort „Raum" sehr böse Erinnerungen. Es war so lange für uns der Ausdruck für eine grenzenlose Machtpolitik.

Wenn wir hier von „Raum" sprechen, reden wir von etwas ganz anderem. Wir wollen, wie es vorhin schon gesagt worden ist, den Raum gestalten, das heißt, wir wollen Grenzen setzen. Wir müssen heraus aus der Grenzenlosigkeit und müssen das Maß wiederfinden. In der Baukunst kommen wir, wie überhaupt in aller Kunst, nicht aus ohne den Begriff des Maßes, ohne das Wissen, daß gestalten zu gleicher Zeit auch begrenzen heißt. Freiwilliges Begrenzen und Bescheiden bedeutet nicht, sich an eine spießbürgerliche Mittelmäßigkeit hineinzubegeben. Es gilt, die Grenzen so zu setzen, daß ein ausgewogenes Maß gefunden wird und die Dinge ein richtiges Verhältnis zueinander haben. Jeder, der etwas von Baukunst versteht, weiß, daß wir ein Bauwerk vor allem auch danach beurteilen, ob die richtigen Proportionen gefunden sind.

Mit dem Thema „Mensch und Raum" behandeln wir damit keineswegs nur ein eng begrenztes Teilgebiet, sondern sind wir in der Fülle unseres Lebens, und ich glaube, daß alle, die sich an diesem Gespräch beteiligen wollen, etwas davon wissen. Wenn wir überdenken, wie wir die Dinge in ein Gleichgewicht bringen, ohne deswegen in eine Mittelmäßigkeit zu verfallen, dann rühren wir an Grundprobleme unseres Lebens überhaupt, auch an politische Probleme, selbst wenn kein politisches Wort fällt. Denn das ist die Bedeutung unserer Aufgabe heute schlechthin, daß wir das richtige Maß finden, daß jedes Ding das ihm zukommende Gewicht erhält und so die richtigen Proportionen hergestellt werden. Und auch ein Staat kann nicht anders leben, als daß er dieses Maß findet, daß er abwägt, und auch der Mensch kann nicht anders leben. Der titanische Mensch setzt sich über alles hinweg und zerstört eine Welt. Aber der innerlich gebundene Mensch, der Mensch, der sich aus Freiheit und um der Freiheit willen bewußt Grenzen setzt der aber deswegen, ich betone es noch einmal, kein Spießbürger zu sein braucht –, weiß etwas von seinem Nachbarn, von seinem Mitmenschen; er weiß, daß wir in

einer Gemeinschaft leben und leben müssen. Gemeinschaftsleben bedeutet ihm, daß er sich begrenzt, sich freiwillig beschränkt und einfügt und auch dem anderen sein Recht zukommen läßt.
Als wir hier in dieser Stadt nach dem furchtbaren Zusammenbruch unser Werk begannen, haben wir die Menschen danach beurteilt, ob sie bereit sind mitzuhelfen, damit denen, die nichts haben, wieder etwas werde, und damit die Menschen, die kein Heim haben, wieder ein Heim finden. Wir haben diese Aufgaben zum Teil gelöst, aber es ist noch viel zu tun. Denn sie gehen über das rein Materielle weit hinaus. Und wenn unser Volk aus der Übersteigerung in jeder Beziehung heraus will, wenn es wieder das Maß, das ihm Gemäße finden will, dann wird damit ein Bauen, ein Aufbau im umfassenden Sinne möglich. Dieser Wille wird sich auf allen Lebens- und Wissensgebieten auswirken. Es gibt dabei kein isoliertes Teilgebiet. Immer wird der Teil für das Ganze stehen, auf das Ganze hinzielen, ohne daß er sich anmaßen darf, selbst das Ganze zu sein. Was wir hier sprechen auf einem Teilgebiet, was diese Ausstellung zeigen soll, wird nicht geschehen können ohne Hinblick auf unser ganzes Leben. Wir sollten, glaube ich, uns dessen immer bewußt sein.
Ich freue mich, daß aus der Initiative, die zu diesem Gespräch und zu dieser Ausstellung geführt hat, die Möglichkeit sich abzeichnet, hier in Darmstadt Bauwerke entstehen zu lassen, die beispielhaft wirken, und die auch späteren Generationen einmal zeigen können, wie eine Generation gerungen, gearbeitet und gestaltet hat. Und wenn der Herr Ministerpräsident vorhin freimütig erklärt hat, daß er bereit ist anzuerkennen, daß Darmstadt für Hessen eine oder vielleicht sogar die Hauptstadt des geistigen und kulturellen Lebens sei, habe ich keine Veranlassung, mich diesen Worten nicht herzlich gerne anzuschließen. Im Kabinett ist durchaus das Bewußtsein davon lebendig, was in dieser Stadt an Möglichkeiten vorhanden ist, wie diese Möglichkeiten gefördert werden können, und wie diese Stadt bereit ist, sie zu nutzen. Ja, wir haben es gesehen, und wir sehen es tagtäglich, wie diese Möglichkeiten genutzt werden, und, was das Allerwichtigste ist, wie die Darmstädter mitgehen und ihre Verwaltung nicht allein lassen, wie sie helfen, daß nicht eine autoritäre Verwaltung irgendwo da oben sitzt und im luftleeren Raum arbeitet. Wir sehen, wie Verwaltung und Bevölkerung sich als eine große Gemeinschaft fühlen und dabei – denn das liegt ja in dem Anspruch, eine Hauptstadt zu sein – sich dessen bewußt sind, daß es nicht nur

um diese Stadt geht, sondern daß sie in größerem Zusammenhang steht, daß es sich handelt um die Gemeinschaftsarbeit innerhalb des Landes innerhalb Deutschlands und darüber hinaus. Und wenn in den nächsten Jahren hier in Darmstadt mancherlei entsteht, gerade auch mit Hilfe des Landes – ich denke nur daran, daß die Technische Hochschule zum großen Teil hier neu erstehen wird, und daß das Land alles tun wird, was in seiner Kraft steht, diese Arbeit zu fördern –, dann können Sie daraus ersehen, wie bereit dieses Land ist, das ich jetzt die Ehre habe zu vertreten, dieser Stadt, die bewiesen hat, daß sie sich selbst helfen will, auch seinerseits zu helfen.•

Beifall

OBERBAUDIREKTOR PROFESSOR PETER GRUND:

Herr Ministerpräsident, meine Damen und Herren!
In einer Zeit, in der all unser Mühen darauf gerichtet ist, die vielfältige Not des Augenblicks zu wenden, hat die Stadt Darmstadt sich entschlossen, im Gedenken an die Ausstellung von 1901 eine neue Ausstellung zu zeigen, die das Thema „Mensch und Raum" zum Gegenstand hat. Durch Ihre Anwesenheit bei der feierlichen Eröffnung dieser Ausstellung haben Sie Ihr reges Interesse an dem gestellten Thema bekundet. Trotzdem erscheint es mir nicht unangebracht, die Frage zu erörtern, ob auch diese Ausstellung *notwendig* in des Wortes eigenster Bedeutung sei.
Die Lage, in die wir gestellt sind, ist einmalig. Die Folgen des Krieges haben uns auferlegt, auf geistigem, wirtschaftlichem und kulturellem Gebiet ganz neu und von unten anzufangen. Das vielgebrauchte Wort „Wiederaufbau" trifft das Wesen der Aufgabe nicht. Denn wo können und wollen wir uns mit einer Wiederherstellung des Zerstörten begnügen? Haben sich nicht die geistigen und materiellen Grundlagen unseres Lebens in weitem Umfang gewandelt? Und besteht nicht die Not unserer Zeit gerade darin, daß wir Schutt räumen und auf Trümmern aufbauen müssen? Nur eine Besinnung auf die geistigen und wirtschaftlichen Fundamente, die fest genug sind, das Neue zu tragen, kann die Not wenden.
Dreifach ist deshalb die Aufgabe, die sich die Ausstellung gesetzt hat, zu deren Eröffnung wir heute zusammengekommen sind. Sie will einen *Rückblick* geben auf die Manifestation eines neuen schöpferischen Willens, der im Jahre 1901 hier auf der Mathil-

denhöhe als Dokument deutscher Kunst Gestalt gewann und seitdem das bauliche Schaffen der ganzen Welt in seinen Bann gezogen hat.
Sie will einen *Ausblick* geben, wie diese formende Kraft sich an großen praktischen Aufgaben bewährt, die die Jetztzeit uns gestellt hat, und sie will den Bauschaffenden einen *Einblick* in die tiefsten Gründe ihrer Tätigkeit vermitteln, die weit hinausreichen über technische Fertigkeiten bis in die Bezirke, in denen der Mensch zum Gefäß unendlicher Mächte in dieser endlichen Welt wird.
Der Mensch, ein Staubkorn gegenüber dem Universum, ist hineingestellt in den unendlichen und unabänderlichen Raum. Aber ihm ist als Gottesgeschenk der Verstand gegeben. Er befähigt ihn, den Raum als objektive Erscheinungsform zu erkennen und als subjektive Anschauungsform zu erfassen. Er gibt ihm die Möglichkeit, den Raum als Ordnungssystem sich dienstbar zu machen, ihn zu durchmessen und zu gestalten.
Der gewaltigste Eindruck, den die Sinne eines Menschen seinem Geist übermitteln können, ist der unendliche Weltenraum. Bei Tage ein kristallenes, blaues Lichtgewölbe, das sich von der Sonne über die Erde senkt; bei Nacht eine schwarze Kuppel, in der unzählbare Sternenscharen wie die Zeichenschrift der Unendlichkeit leuchten. Von jeher stand das äußere und das innere Leben der Menschheit im Banne der ungeheuren Nachbarschaft jener Stätte, die dem Urgefühl aller Völker als himmlische Heimat der göttlichen Mächte galt und diesen Namen wie ein verpflichtendes Mahnmal bis auf den heutigen Tag trägt. Im *primitiven Menschen* erzeugt der Gegensatz zwischen Raumangst und Sternensehnsucht jene Spannung des Raumgefühls, die für das Anfangsstadium geistiger Entwicklung charakteristisch ist.
Das Verhältnis zum Raum *im Bereich höherer geistiger Kultur* wird durch drei Typen des geistigen Lebens repräsentiert: durch den Propheten, den Philosophen und den Künstler.
Die *religiöse oder prophetische Sicht* des Raumes wertet den sichtbaren Raum als Symbol. In ihm offenbart sich die jenseitige, unsichtbare Welt, die Welt der wahren Wirklichkeit, die ewig, unvergänglich und ohne Anfang und Ende ist. Für diese Schau ist der Raum Urgrund und Abgrund allen Daseins, Schoß und Gruft allen Lebens. Und prophetisch inspiriertes Weistum ahnt in der Sternenschrift der Unendlichkeit die Zeichensprache schicksalhafter Verbundenheit von Makrokosmos und Mikrokosmos.

Der *philosophischen Sicht* des Raumes wird der Raum zum Problem. Sie fragt nach seinem Wesen und seiner Wirklichkeit. Sie begreift den Raum als Voraussetzung alles Raumhaften, aller ausgedehnten Gegenständlichkeit. Der Raum selbst ist unwahrnehmbar. Aber er bekundet sich in allem, was Gesicht und Tastsinn wahrnehmen in der Welt der Erscheinungen. Selber unbegrenzt und im eigentlichen Sinne unermeßlich, gibt er jedem ausgedehnten Gegenstand, den er umfängt, das Gesetz der Grenze und des Maßes.

Die *künstlerische Sicht* des Raumes verkörpert sich in der Architektur. Der vom Raum inspirierte Künstler gibt seiner Vision Ausdruck in der Baugestalt. Für die Deutung und Bewertung der Baukunst ist es entscheidend wichtig und wesentlich, sie als Auseinandersetzung mit dem Raum zu begreifen. Diese gestaltende Auseinandersetzung greift hinüber in die beiden anderen Weisen geistiger Raumbemächtigung, in die philosophische und religiöse Sicht des Raumes. In der Schönheit gebauter Gestalt erfühlt der Künstler die Gesetze von Maß und Proportion, von Harmonie und Rhythmus. Aber er findet kein Genügen im Bereich des Endlichen. Sein eigentliches Anliegen ist der Mythus des Unendlichen im Endlichen. Zur Zeit der Gotik haben die Schulen darüber gestritten, ob das Unendliche für das Endliche faßbar oder nicht faßbar sei.

Diese Antithese ist das Urthema jedes schöpferischen Bautriebes. Es ist eine paradoxe, aber für den Künstler urgegebene Tatsache, daß es zwei Arten von Formverhältnissen gibt: solche, die in sich selber beruhen und in ihrer begrenzten Endlichkeit verharren, und gänzlich andersartige, die über sich hinausdringen und in ihren Maßen, Rhythmen und Harmonien als transzendentale oder ekstatische Proportionalität bezeichnet werden dürfen. In ihnen greift das Endliche nach dem Unendlichen. In jedem von einem berufenen Künstler gestalteten Bau wird die Beziehung zum Universum verwirklicht, wird der Weltenraum mitgebaut. In diesem innersten Mysterium der Baukunst ist die Berechtigung gegeben, das Werk des Baumeisters als *Raumschöpfung* zu bezeichnen. Zwar ist für den Begriff „Schöpfung" das Hervorbringen eines unbedingt Neuen wesentlich. Man kann deshalb im eigentlichen Sinn des Wortes nur das Hervorgehen des Alls aus dem Urgrund des Ewigen „Schöpfung" nennen. Im Bereich des Zeitlichen gibt es keine Schöpfung, sondern nur einen Gestaltenwandel des Wirklichen. Aber auch das relativ Neue, das aus solcher Verwandlung entsteht, ist nur möglich, weil die Neu-Schöpfungskraft des ewigen Urgrundes sich im zeitlichen Geschehen manifestiert. Im Werk schöpferischer Kunst ist diese Manifestation so wesentlich, daß die bloß umwandelnde Tätigkeit im Werden des Werkes darüber unwesentlich wird. Die Inspiration des Künstlers schöpft nicht aus der Zeit, sondern aus der Ewigkeit.

Ebenso wie die raumschöpferische Funktion der Architektur bedarf aber auch die *Bindung der Baukunst an den äußeren Zweck* einer Besinnung auf das Wesentliche. Hinter der Zweckbestimmung, den Forderungen der Soziologie, Hygiene, des Handels und Verkehrs, der Industrie und Technik, der Verwaltung und Organisation, des Kultus und der Repräsentation, hinter der ganzen Vielfältigkeit der Bedürfnisse, die zur Kultur und Zivilisation des modernen Lebens gehören und die funktionelle Verkörperung in der Baugestalt verlangen, steht der *Mensch*. Er ist ja auch selbst ein Gegenstand im Raum, dem eine bestimmte Größe zu eigen ist. Diese Größe ist das Einheitsmaß für alles, was der Mensch als meßbar empfindet. In dieser Sinngebung ist der Mensch das Maß aller Dinge.

Die Architektur der letzten 50 Jahre hat das Bestreben gezeigt, sich aus allzu starker geistiger und formaler Bindung zu lösen. Für neue Baustoffe und moderne Errungenschaften der Technik wurde eine ihnen gemäße Formensprache erarbeitet. In der Raumgestaltung wurden der Mensch, sein Maß und seine Bedürfnisse vor allem berücksichtigt. Die Ordnung der Zelle, des Wohnraums, der Küche, der Arbeitsstätte war der Gegenstand sorgfältiger Untersuchungen. Eine Auflockerung um jeden Preis war das Gebot der Stunde. Heute scheint mir notwendig, über dem einzelnen die Idee, das Ganze nicht zu vergessen. Die Zusammenordnung der Zellen zum Gesamtorganismus ist in der Natur wie in der Architektur und im Städtebau das Kriterium höheren Wesens. Durch sie ist es möglich, der Nivellierung und Vermassung zu begegnen und im Werk zum Symbol seines Wesensinhalts zu gelangen.

Aber nicht nur des Menschen als schaffenden Künstlers und des Menschen, zu dessen Gebrauch die Werke der Baukunst bestimmt sind, muß in diesem Zusammenhang gedacht werden, sondern auch des *Menschen als Bauherrn*. Sein Anteil an der Entstehung und Gestaltung eines Bauwerks darf nicht übersehen werden. Er ist so groß, daß in der Geschichte der Baukunst durch ganze Jahrhunderte nicht die Namen der Architekten, wohl aber die der Bauherrn erhalten sind. Die geistigen Spannungen zwischen dem Bauherrn, der die Aufgabe stellt, und dem Baumeister, der sie in die Wirklichkeit umzusetzen hat, sind die Kraftquellen, aus denen die Leistungen gespeist werden.

Der Bauherr wählt die Persönlichkeit aus, der er die Ausführung seines Vorhabens anvertraut. *An seiner Entscheidung liegt es,* ob er dazu einen Meister bestellt oder sich durch die Kurzsichtigkeit eines kleinen Geistes verwirren läßt. Der Bauherr stellt die Aufgabe. *An seiner Entscheidung liegt es,* ob er den Samen der Zukunft sät oder sich nur von den Nützlichkeitserwägungen des Augenblicks leiten läßt. Der Bauherr beschließt die Ausführung. *An seiner Entscheidung liegt es,* ob er die Gestaltungskraft seines Architekten beflügelt oder aus Unentschlossenheit, aus Scheu vor der Verantwortung oder aus Angst vor einem neuen Formwillen zum Hemmschuh wird.

Ich bin glücklich, für eine Stadt arbeiten zu dürfen, die ihre Berufung zu der Aufgabe, Bauherrin zu sein, aus Tradition und hohem Verantwortungsbewußtsein begreift und pflegt. Wie sehr die bauliche Verlebendigung solcher bauherrlicher Entscheidungen den Ruhm einer Stadt begründet – selbst wenn es sich nur um einige wenige Bauten von Größe und gestalterischer Bedeutung handelt –, ist vor 50 Jahren durch die Initiative des damaligen Großherzogs Ernst Ludwig bewiesen worden.

Ein halbes Jahrhundert umfaßt der Rückblick, den unsere Ausstellung auf die Entwicklung der Architektur wirft. Ein „Dokument deutscher Kunst" wollte man der Ideenlosigkeit entgegenstellen, in die das Bauwesen des ausgehenden 19. Jahrhunderts zu verflachen drohte. Von heute gesehen, war es wohl ein kleiner Stein, der damals ins Rollen gebracht wurde. Aber er hat überall gleichgesinntes Streben mitgerissen und einen Aufbruch von weltweitem Maß nach sich gezogen. Olbrich, Peter Behrens, Mies van der Rohe, van de Velde sind nur einige Namen, die seinen Weg bezeichnen. Interessant ist es, die Entwicklung dieser Menschen zu verfolgen und der Entwicklung nachzugehen, die sie der Auffassung und der Gestaltung der typischen Bauaufgaben gegeben haben, die, im großen gesehen, immer wiederkehren.

Aber nicht ein interessantes Kapitel der Kunstgeschichte zu behandeln, ist der Hauptzweck dieser Ausstellung. Es war der Wunsch der Stadt, an ihren eigenen Bauaufgaben zu erproben, wie der Baumeister von heute die Erkenntnis der Vergangenheit verarbeitet und fortentwickelt. Die Stadt Darmstadt hat nicht den

Ehrgeiz, diese Probleme bei ihren Bauten hinter verschlossener Tür zu lösen. Die umfassenden Aufgaben, die ihre hohe Auffassung von den Pflichten eines Bauherrn ihr auferlegen, verlangen die Mitwirkung der besten Berater. Ihre Arbeiten sollen den Problemen nicht ausweichen, sondern einen Meinungsaustausch entfachen, der nicht nur ein optimales Ergebnis für die Stadt Darmstadt gewährleistet, sondern auch klärend und fördernd für die wirkt, denen die Fortentwicklung des Bauwesens *Lebensaufgabe ist.*

Die Entwürfe einer Reihe namhafter Architekten liegen vor und geben der Ausstellung ihr besonderes, in die Zukunft zeigendes Gepräge. Die gleichen Aufgaben sind auch begabten und interessierten Studenten in Form kleiner Wettbewerbe gestellt worden. Die Ergebnisse sind den Meisterentwürfen gegenübergestellt, um auch der Jugend Gelegenheit zu geben, ihre Kräfte an bedeutenden Aufgaben der Praxis zu erproben.

Möge der Rückblick in die Vergangenheit, der Ausblick in die Zukunft und der Einblick in das baumeisterliche Gewissen in Wahrheit dazu beitragen, Not zu wenden. Möge sie im einzelnen wie im ganzen gegründet sein auf die Gesetze unseres Menschentums und möge sie in unserer Endlichkeit von der Macht und Größe des Unendlichen künden.• *Beifall*

PRINZ LUDWIG ZU HESSEN UND BEI RHEIN:

Herr Ministerpräsident, meine Damen und Herren!
Ich bin gebeten worden, zur Eröffnung der Ausstellung „Mensch und Raum Darmstadt 1951" auch einige Worte an Sie zu richten. Es ist mir klar, daß diese Aufforderung nicht an mich erging, weil ich Mitglied des Beirates der Ausstellung bin oder gar ein bedeutender Architekt wäre. Warum man mich aufforderte, erklärt vielleicht am besten eine kleine wahre Geschichte: Mein verstorbener Bruder und ich gingen an einem heißen Sommertag vom Schwimmen im Woog nach Hause. Uns Jünglingen folgten zwei kleine Heiner. Die Buben machten treffende Bemerkungen humoristischer Art, besonders über die fast zwei Meter große Gestalt meines Bruders. Als wir zum Neuen Palais einbogen, flogen uns zum Abschied die Worte nach: „He, guck emol, das is ja dem Langen Ludwig sein noch längerer Sohn."• Nun stimmt die Sache *Beifall* mit der Sohnschaft bei dem Herrn auf dem Monument natürlich

Heiterkeit nicht ganz•, und ich habe ja auch keine vergleichbare Statur aufzuweisen, aber ich bin nicht nur Abkomme jenes früheren Ludewig, sondern auch der Sohn meines Vaters, des Gründers der Künstlerkolonie. Als solcher bin ich im Beirat der Ausstellung, und als solcher spreche ich zu Ihnen, weil ich hier gewissermaßen eine geistige Kontinuität verkörpere, auf die unsere Stadt Wert legt.

Wir Darmstädter feiern nämlich, wie wir heute ja schon öfter gehört haben, in diesem Sommer die 50jährige Wiederkehr der 1. Ausstellung der Künstlerkolonie, die durch meinen Vater ins Leben gerufen wurde. Also eine Gedächtnisausstellung, werden Sie sich jetzt sagen. Nein, meine Damen und Herren, keine Gedächtnisausstellung, weil – ich kann es nur mit Freude feststellen – hier der Geist noch lebt, der in einem Wagnis von 1901 Fürst und Bürger vereinigte. Der Geist, der sich vielleicht am schönsten in den Worten meines Vaters ausspricht, die er sich ursprünglich als Grabschrift gewünscht hatte: „Habe Ehrfurcht vor dem Alten und Mut, das Neue kühn zu wagen, bleibe treu der eigenen Natur und treu den Menschen, die du liebst."

Die Ausstellung der Künstlerkolonie 1901 nannte sich selbstbewußt „Ein Dokument deutscher Kunst". Joseph Maria Olbrich und Peter Behrens gaben der Ausstellung ihr architektonisches Gesicht. Das Besondere an dieser Schau war, daß hier der damals modernen Kunst eine sonst kaum erreichte Freiheit der Entfaltung gegeben wurde. Überschwänglicher Idealismus, der eine Erneuerung des Lebens aus der Kunst erstrebte, hatte hier die Gelegenheit, sich auszutoben, und erkannte gleichzeitig die ewigen Bindungen, die das Leben, der Raum, der Zweck jeder Phantasieentfaltung entgegensetzen. Der Jugendstil wurde an diesen Aufgaben reif und überholte sich bald selber, soweit er nur eine schnell verkitschte Mode oder nur schwärmerisches Traumgespinst war. Die Darmstädter Künstlerkolonie fand aber allmählich mit allen ähnlichen Bestrebungen Europas zu den Grundsätzen, die die Kunst, vor allem die Baukunst der letzten 50 Jahre, fundamental bestimmten. Diese Leistung, die eine Leistung des Übergangs war, des Übergangs aus einer Zeit heraus, die sich mit billigen, sinnentfremdeten Wiederholungen älterer Kunst auf jedem Gebiet zufrieden gab, einer Zeit, die sich der Wahrheit verschreiben wollte und den schönen Schein als solchen bereits bekämpfte, – diese Leistung stellt die Darmstädter Künstlerkolonie in die vorderste Reihe der Erneuerungsbestrebungen um die Jahrhundertwende. Daß ein re-

gierender deutscher Landesfürst damals den Mut hatte, sich der neuen Bewegung zu verschreiben und ihr jede erdenkliche Freiheit zu gewähren, gab der hiesigen Leistung ihr besonderes Gewicht. Darmstadt 1951 bringt rückblickend wenig von der Ausstellung 1901. Nur die Werke der Architekten, vor allem Olbrich und Behrens, kommen in größerem Rahmen der historischen Schau, die die Entwicklung der deutschen und europäischen Architektur der letzten 50 Jahre skizziert, natürlich auch zur Darstellung. Das für damals so wichtige Kunstgewerbe und Kunsthandwerk tritt, dem Sinn der Ausstellung entsprechend, zurück. Der zweite Teil der Ausstellung wendet sich den aktuelleren Darmstädter Problemen zu. Er bringt das Erstaunliche: Die so furchtbar zerstörte Stadt Darmstadt hat sich zum Wiederaufbau einige der heute anerkannt besten Architekten verschrieben und hofft so, einmal in ihren öffentlichen Bauten die Baugesinnung nach dem zweiten großen Krieg zu repräsentieren. So hatte Darmstadt 1901 die Baugesinnung der Jugend um die Jahrhundertwende repräsentiert. Hier, nicht in irgend einer Gedächtnisausstellung, ist der Punkt erreicht, wo Darmstadt 1951 zur Jubiläumsausstellung wird. Hier liegt das Wagnis, hier liegt die Bereitschaft, sich mit äußerst konkreten Plänen der Kritik zu stellen, und hier liegt auch der Entschluß, sich für das einzusetzen, was in unserer Zeit gemacht wird. Wille zum Ausblick, nicht Wille zum Rückblick bestimmt also diese Ausstellung, wie er die um 1901 bestimmte. Daß die ausgestellten Meisterentwürfe bei aller Modernität der Gesinnung durchweg von gereiften Männern stammen, im Gegensatz zu 1901, erscheint mir bemerkenswert. Dies liegt vielleicht daran, daß die Baukunst in Deutschland sich heute bemühen muß, den Anschluß an die Entwicklung in der Welt wiederherzustellen und zugleich einen eigenen Standpunkt zu finden, der durch die Katastrophen der jüngsten Zeit verlorengegangen war. Heute kommt es wohl auch nicht darauf an, durch Revolutionen das Chaos zu vermehren. Vielmehr kommt es darauf an, durch Selbstbesinnung und organische Fortentwicklung wieder Fuß in Zeit und Raum zu fassen. Und so ist es bezeichnend, daß einfache Sachlichkeit, nicht jugendliches Pathos wie 1901, die für Darmstadt geplanten Neubauten beherrscht.
Natürlich kann bei dem hier versuchten Vergleich zwischen zwei Ausstellungen, die durch 50 Jahre unerhörten Weltgeschehens voneinander getrennt sind, der Gegensatz in der physischen und geistigen Lage nicht genug betont werden. Damals, lange vor dem

ersten Weltkriege, war noch ein reiches Bürgertum die tragende Klasse der alten Monarchie. Heute stehen die verarmten Völker Europas, und unter ihnen hart getroffen das deutsche, vor den Trümmern ihrer Staaten und Städte. Aber merkwürdig, damals schon hatten die Künstler und Denker wie Seismographen das Rumoren in den Hohlräumen unter der prunkend schönen Oberfläche des Besitzmaterialismus der Gründerjahre erkannt. Der Versuch, einen alle Lebensäußerungen durchdringenden Lebens- und Kunststil zu schaffen – denn darum handelt es sich ja eigentlich bei der Stilwende um das Jahr 1900 –, dieser Versuch sollte der Krise der Zeit, die sich immer klarer im Auseinanderfallen von Geist, Kunst und Leben offenbarte, durch eine Neu-Verknüpfung begegnen. Der Versuch mißlang. Erdbeben und Vulkanausbrüche, die sich damals unterirdisch ankündigten, sind über uns hinweggegangen, weitere drohen. Aber was damals eine kleinere Gruppe von führenden Köpfen und empfänglichen Herzen fast träumerisch zu verwirklichen strebte, ist heute wieder in sehr viel breiteren Kreisen lebendig geworden. Das ist die Sehnsucht nach einer Erneuerung durch den Geist, und diese Sehnsucht ist es auch, so wenigstens glaube ich, die trotz aller Unterschiede der äußeren und inneren Tatsachen die Ausstellung von 1951 mit der von 1901 zutiefst verbindet.

Im Schließen sei mir noch erlaubt, als fanatischem, aber auch kritischem Darmstädter ein Wort über die Aufbaupläne an meine Mitbürger zu richten. Ich weiß, daß voraussichtlich manche der Entwürfe, die Sie in der Ausstellung sehen werden, vielen von Ihnen wie Entwürfe zu Fremdkörpern in unserer lieben alten Stadt erscheinen werden. Vergessen Sie aber bei aller Kritik nicht, daß unser altes Darmstadt, in dem wir so von Herzen zu Hause waren und es ja auch immer noch sind, in der physischen Realität zum größten Teil nicht mehr besteht. In dieser Lage haben wir Heutigen, meiner Ansicht nach, dem Spruch meines Vaters gemäß die Aufgabe, das Alte, wo es noch schön und charakteristisch vorhanden ist, mit Ehrfurcht zu erhalten; wo das Alte aber ganz zerstört wurde, haben wir, auch wieder dem Spruch meines Vaters folgend, die schöne Pflicht, das Neue kühn zu wagen. Dieser Mut zum eigenen Stil hat alle starken Zeiten in der Geschichte ausgezeichnet, und die bedeutendsten Werke der Kunstgeschichte sind fast immer nicht die romantisierend zurückblickenden, sondern die, die am klarsten und ehrlichsten die Anliegen ihrer Zeit verkörpern. Aus diesen Überlegungen heraus begrüße ich den mutigen Schritt, den die Stadt Darmstadt in dieser Ausstellung getan hat, von ganzem Herzen. Sie beweist durch dieses Bekenntnis zur heutigen Architektur, daß hier die alte Künstlerkolonie nicht rückblickend gefeiert wird, nein, daß ihr Geist noch lebt. Möge dereinst die Ausstellung 1951 so gewertet werden, wie man heute die Ausstellung 1901 zu werten beginnt, als ein Dokument deutscher, ja europäischer zeitgenössischer Baukunst.

HANS K.F. MAYER:
DIE AUSSTELLUNG „MENSCH UND RAUM"

Der Darmstädter Ausstellung des Jahres 1951 war das Thema „Mensch und Raum" gesetzt. Ihr Anlaß war das Gedenken an die Ausstellung der Darmstädter Künstlerkolonie 1901. Ihr Inhalt und ihre Gliederung wurden bestimmt durch das Thema, durch den Wunsch, die Tat von 1901 als historisches Ereignis mit den direkten und indirekten Folgen im europäisch-amerikanischen Rahmen darzustellen, und durch die Absicht, in diesem Zusammenhang die Leistung von 1951, die Entwürfe „Meisterbauten Darmstadt", zu zeigen. So ergaben sich die Ab-Teilungen „Baukunst 1901–1951", „Kunsthandwerk", „Meisterbauten Darmstadt 1951".
Ausstellung und Darmstädter Gespräch 1951 sollten geistig eins sein. Die Präambel des Gesprächs war Eingangstafel der Ausstellung. Sie lautete:
„Bauen ist eine Grundtätigkeit des Menschen – Der Mensch baut, indem er Raumgebilde fügt und so den Raum gestaltet – Bauend entspricht er dem Wesen seiner Zeit – Unsere Zeit ist die Zeit der Technik – Die Not unserer Zeit ist die Heimatlosigkeit"
Das Thema „Mensch und Raum" konnte weder durch die Ausstellung noch durch das Gespräch erschöpft werden. Jedes konnte nur auf seine Weise aufreißen, hinweisen. Der Anlaß verpflichtete aber, mit der Ausstellung in Bild und Text eine Geschichte zu erzählen, „die aufregender ist als vieles, was sonst in dieser Zeit – der ersten Hälfte des 20. Jahrhunderts – stattgefunden hat" („Frankfurter Allgemeine Zeitung" vom 16.8.1951).
Der Besucher sollte dabei geleitet werden durch eine Atmosphäre ernster Heiterkeit, er sollte schauen lernen und angeregt werden zum Nachdenken. In der hier folgenden Fixierung ist das, was der Besucher dort auf Tafeln las, in Langzeilen, was er auf Bildern sah, in eingerückten Zeilen gedruckt.

RÄUME DER WOHNUNG

Das XX. Jahrhundert hob an mit einer künstlerischen Revolution. Ein Dokument der Erneuerung war die Ausstellung der Darmstädter Künstlerkolonie 1901. Großherzog Ernst Ludwig von Hessen hatte 1899 sieben junge Künstler berufen, die „in Darmstadt schaffend leben und es zu einer Stätte der Kunst machen sollten".

Es waren der Architekt Joseph Maria Olbrich, die Bildhauer Ludwig Habich und Rudolf Bosselt, die Kunstgewerbler und Maler Peter Behrens, Paul Bürck, Hans Christiansen, Patriz Huber. Die Ausstellung 1901 auf der Mathildenhöhe war: „eine Ausstellung fertiger Häuser, nicht gemalt oder im Diminutiv, nicht fragmentarisch, nein, nur komplette Häuser, fix und fertig eingerichtet, vom Keller bis zum Speicher, mit allem Zubehör, alles modern, kein Quadratzentimeter unbenutzt, bis auf das Kleinste, bis zum Stuhl und dem Geschirr, auf dem serviert wird. Alles künstlerisch durchdacht, neuzeitlich durchgeführt." (Hermann Bahr)
„Der Modernismus erreichte seinen Höhepunkt in der Darmstädter Ausstellung von 1901. In der Absicht, eine Renaissance aller Künste unter Führung der Architektur hervorzurufen, bestand die Ausstellung aus einer Gruppe von Dauerhäusern. Sie waren entworfen von dem brillanten österreichischen Architekten Joseph Maria Olbrich (1867–1908) und Peter Behrens (1868–1940)." (Philip C. Johnson)
„Es war die erste jener kooperativen Unternehmungen deutscher Künstler, die sich in der Zukunft als so wichtig erweisen sollten." (Sigfried Giedion)
Porträtfoto Olbrich
Porträtfoto Behrens nach der Liebermannzeichnung 1911

JOSEPH MARIA OLBRICH
Abwendung vom Historismus des 19. Jahrhunderts.
Formen im „Stil der Jugend".
„Was die Besucher mitnehmen, ist eine neue Idee vom Haus. Die Ausstellung wird in meiner Erinnerung als erster Versuch stehenbleiben, den Menschen in einem praktischen Beispiel zu zeigen, was ein Wohnhaus leisten kann." (Lichtwark)
1901 J.M. Olbrich, Haus Olbrich, Mathildenhöhe, Darmstadt
J.M. Olbrich, Haus Glückert, Mathildenhöhe, Darmstadt
1908 J.M. Olbrich, Haus Feinhals, Köln

PETER BEHRENS
1901 baut Behrens – ursprünglich Maler – in Darmstadt sein erstes Haus. Gestaltung nicht mehr von der Fassade, sondern vom Grundriß her.
1901 Peter Behrens, Haus Behrens, Mathildenhöhe, Darmstadt

1907 Peter Behrens, Haus Schroeder, Hagen

In Großbritannien, dem am frühesten industrialisierten Land Europas, hatte die Erneuerungsbewegung begonnen.

BURGES - MORRIS - VOYSEY - WEBB - MACKINTOSH
1856 Philip Webb, The Red House (Haus William Motris)
1875 William Burges, Wohnzimmer seines Hauses, Melbury Road, London
1876 William Morris, Interieur
1894 C.F.A. Voysey, Haus Perrycroft
1898/1902 C.R. Mackintosh, Glasgow Art Schools
1903 C. R. Mackintosh, Hill House, Helensburgh

HERMANN MUTHESIUS
Hermann Muthesius propagierte durch Wort und Bau das englische Landhaus.
Hermann Muthesius, Haus Wegmann, Rhede
Hermann Muthesius, Haus Kosmack, Alt-Ruppin

Aus Großbritannien kam der Gedanke der Gartenstadt. Die englische Gartenstadtgesellschaft, gegründet im Jahre 1899, erstrebte „eine dauernde Lösung des immer schwieriger werdenden Wohnungsproblems dadurch, daß sie 1. der unheilvollen Übervölkerung der Städte, 2. der Entvölkerung des flachen Landes abzuhelfen und vorzubeugen versuchte, denn" – so hieß es im Programm der Garden City Association – „die befriedigende Lösung nahezu jedes sozialen Problems ist abhängig von der erfolgreichen Lösung der Wohnungsfrage".

RICHARD RIEMERSCHMID - HEINRICH TESSENOW
Hellerau, begonnen 1908, Deutschlands erste und berühmteste Gartenstadt.
1908 Richard Riemerschmid, Bebauungsplan Hellerau
1909 Richard Riemerschmid, Fabrik Hellerau
1911 Richard Riemerschmid, Grüner Zipfel Hellerau
Heinrich Tessenow, Schule Hellerau
1910 Heinrich Tessenow, Reihenhaus Hellerau

Bei Industriewerken entstanden Arbeiterhäuser.

HANS POELZIG
1911/1912 Hans Poelzig, Arbeiterhäuser, Luban bei Posen

Belgien, wie England früh industrialisiert, gab der Moderne in Brüssel früh ein Zentrum.

VICTOR HORTA
Victor Hortas Haus von 1893 wurde zum Wahrzeichen des „art nouveau".
1893 Victor Horta, Haus 12 Rue de Turin, Brüssel

HENRY VAN DE VELDE
„Was van de Velde geschaffen hat, war vorher nicht einmal vorstellbar und ist nun nicht wieder aus der Zeit fortzudenken." (Karl Scheffler)
„Es gilt, eine neue Basis zu gewinnen, von der aus wir einen neuen Stil schaffen wollen, als Keim dieses Stils steht mir klar vor Augen: nichts zu schaffen, das nicht einen vernünftigen Existenzgrund hat." (van de Velde)
„Die Linie ist eine Kraft." (Henry van de Velde)
1895 Henry van de Velde, Haus Bloemenwerf, Uccle
1897 Henry van de Velde, Schreibtisch
1904 Henry van de Velde, Haus Schede, Hagen
      Henry van de Velde, Möbel

Henry van de Velde erklärte bei der Übergabe seines Ausstellungsmaterials, er habe sich von der malerischen Auffassung zur funktionellen, dann zur konstruktiven entwickelt. „Funktionalismus", „Expressionismus", „Konstruktivismus" erschienen in ihren Grundgedanken durch ihn vorweggenommen.

Hauptstätten der „Stilwende" im deutschen Sprachgebiet waren – neben Darmstadt, Hagen, Weimar – vor allem Wien und München.

OTTO WAGNER – ADOLF LOOS
„Baue nicht malerisch, überlasse diese Wirkung den Mauern, den Bergen und der Sonne." (Adolf Loos)
„Wie man bisher von einem Grundriß sprach, kann man seit Loos von einem Raumplan sprechen." (Kulka)

„Die Ebene verlangt die vertikale Baugliederung, das Gebirge die horizontale. Menschenwerk darf nicht mit Gotteswerk in Wettbewerb treten." (Adolf Loos)
   1907 Otto Wagner, Haus Neustiftgasse, Wien
   1899 Adolf Loos, Café Museum, Wien
   1910 Adolf Loos, Haus Steiner
           Adolf Loos, Haus Michaelerplatz
   1922 Adolf Loos, Haus Rufer
   1930 Adolf Loos, Villa Kuhner, Gartenhaus

JOSEF HOFFMANN
Den Wiener Charme wahrte Josef Hoffmann.
   1905/11 Josef Hoffmann, Palais Stoclet, Brüssel

RICHARD RIEMERSCHMID
Aus dem Geist Münchens schuf Richard Riemerschmid.
„Der Raum dient dem ganzen Menschen. Die Anmut der Dinge soll den Alltag erhellen." (Riemerschmid)
   1896 Richard Riemerschmid, Haus Riemerschmid, München-Pasing

THEODOR FISCHER
Theodor Fischer wirkte als Lehrer und Wahrer handwerklicher Tradition.
   1910 Theodor Fischer, Siedlung München-Laim
           Theodor Fischer, Haus Schätz, München

BERNHARD PANKOK
   1900 Bernhard Pankok, Haus Lange, Tübingen
   1910/11 Bernhard Pankok, Haus Rosenfeld, Stuttgart

AUGUSTE PERRET
Auguste Perret führte 1903 den Eisenbeton in die Architektur ein.
   1903 Auguste Perret, Haus 25 bis Rue Franklin, Paris

ANTONIO GAUDI
Barcelona um 1900
   1905/07 Antonio Gaudi, Casa Batlló, Barcelona
   1905/10 Antonio Gaudi, Casa Milá, Barcelona

FRANK LLOYD WRIGHT
Frank Lloyd Wright wurde durch eine Ausstellung 1910 und durch die Wasmuth-Publikation 1911 in Europa bekannt. „Der dynamische Impuls, der von seinem Werk ausging", schrieb Mies van der Rohe 1940, „bestärkte eine ganze Generation."
„Bauten wie Bäume sind Bruder des Menschen." (Frank Lloyd Wright)
„Architektur ist der Triumph menschlicher Eingebung über Stoffe und Methoden und Menschen." (Frank Lloyd Wright)
- 1893 Frank Lloyd Wright, Haus Winslow
- 1907 Frank Lloyd Wright, Haus Robert
- 1908 Frank Lloyd Wright, Haus Robie
- 1936 Frank Lloyd Wright, Haus Bear Run (über dem Wasserfall)
- 1938 Frank Lloyd Wright, Taliesin West (in der Wüste Arizonas)
- 1939 Frank Lloyd Wright, Haus Goetsch-Winkler

OTTO BARTNING
Drang nach Expression.
Das Haus als Richtpunkt der Landschaft.
- 1921/24 Otto Bartning, Haus Wylerberg bei Cleve

PAUL BONATZ – OTTO RUDOLF SALVISBERG
- 1922 Paul Bonatz, Haus in Köln-Marienburg
- 1923 Otto Rudolf Salvisberg, Siedlungshaus in Bln.-Wilmersdorf

WALTER GROPIUS
„Entscheidend für die Beurteilung eines Bauwerkes bleibt die Feststellung, ob der Architekt und Ingenieur mit einem geringsten Aufwand von Zeit und Material ein Instrument geschaffen hat, das funktioniert, d.h. das dem geforderten Lebenszweck vollendet dient, wobei diesem Lebenszweck sowohl seelische wie materielle Forderungen zugrunde liegen können." (Walter Gropius)
„Das Raumgefühl verändert sich; während die alten Zeiten abgeschlossener Kulturentwicklungen die schwere Erdgebundenheit in festen, monolith wirkenden Baukörpern und individualisierten Innenräumen verkörperten, zeigen die Werke der heutigen richtunggebenden Baumeister ein verändertes Raumempfinden, das die Bewegung, den Verkehr unserer Zeit in einer Auflockerung

der Baukörper und Räume widerspiegelt und den Zusammenhang des Innenraumes mit dem Allraum zu erhalten sucht, was die abschließende Wand verneint." (Walter Gropius)
    1925 Walter Gropius, Baumeister-Siedlung, Dessau

WEISSENHOFSIEDLUNG
„Die Weißenhofsiedlung (Werkbundausstellung Stuttgart 1927) erwies sich als die bedeutendste Gebäudegruppe in der Geschichte der modernen Architektur. Sie demonstrierte endlich, daß die verschiedenen architektonischen Elemente der frühen Nachkriegsjahre sich in einem einzigen Strom vereinigt hatten." (Johnson)
Die Architekten der Weißenhofsiedlung waren: Mies van der Rohe, Behrens, Bourgeois, Döcker, Frank, Gropius, Hilberseimer, Le Corbusier mit Jeanneret, Oud, Poelzig, Rading, Scharoun, Schneck, Stam, Bruno Taut und Max Taut.
    1927 Weißenhofsiedlung, Stuttgart

HEINRICH TESSENOW
Heinrich Tessenow, Zeichnungen aus drei Jahrzehnten (bis 1941)

HANS SCHAROUN
    1929 Hans Scharoun, Wohnheim, Breslau
    nach 1930 Hans Scharoun, Haus Moll
    nach 1930 Hans Scharoun, Haus Baensch

HENRY VAN DE VELDE
    1927 Henry van de Velde, Heim für alte Damen, Hannover
    1928 Henry van de Velde, Doppelhaus, Brüssel
           Henry van de Velde, Doppelhaus, Le Zoute
           Henry van de Velde, Haus des Architekten, Tervueren
    1932 Henry van de Velde, Haus Wolfers, Brüssel

LUDWIG MIES VAN DER ROHE
„Nichts kann das Ziel und die Absicht unserer Arbeit besser ausdrücken als das tiefe Wort des heiligen Augustin: 'Schönheit ist der Glanz der Wahrheit'." (Ludwig Mies van der Rohe)
    1927 Ludwig Mies van der Rohe, Haus Wolff, Guben
    1930 Ludwig Mies van der Rohe, Haus Tugendhat bei Brünn
           Ludwig Mies van der Rohe, Möbel

LE CORBUSIER
Le Corbusier gestaltet mit dem „die Zivilisation des Maschinenzeitalters beherrschenden ästhetischen Gefühl".
- 1926 Le Corbusier und P. Jeanneret,
  Siedlungshäuser in Pessac bei Bordeaux
- 1928/30 Le Corbusier mit P. Jeanneret,
  Villa Savoie bei Poissy

J.J.P. OUD
Arbeiterhäuser in Holland.
- 1920 J.J.P. Oud, Arbeiterhäuser „Tusschendijken",
  Rotterdam
  J.J.P. Oud, Arbeiterwohnhäuser, Hoek van Holland

MARTIN WAGNER
Siedlungen in Berlin.
An der Siedlung Siemensstadt waren unter dem Stadtbaurat Martin Wagner beteiligt die Architekten: Bartning, Forbat, Gropius, Häring, Henning, Scharoun.
- 1929 Siedlung Siemensstadt

BRUNO TAUT
- 1925/26 Bruno Taut, Siedlung Berlin-Britz
  (mit Martin Wagner)
  Bruno Taut, Gehag-Siedlung, Berlin-Zehlendorf

WALTER GROPIUS
Dessau-Törten, Vorstoß zur Industrialisierung und Rationalisierung des Bauwesens.
- 1926/27 Walter Gropius, Siedlung Dessau-Törten

ERNST MAY
Siedlungen in Frankfurt am Main.
Ernst May, Siedlung Frankfurt-Römerstadt
Ernst May, Siedlung Frankfurt-Praunheim

LE CORBUSIER – AUGUSTE PERRET
- 1949 Auguste Perret und Mitarbeiter,
  Wiederaufbau Le Havre
- 1950 Le Corbusier, Wohnblock, Marseille

ALVAR AALTO
1938/39 Alvar Aalto, Haus Mairea

MARIO PANI
1947/49 Mario Pani,
Siedlung Presidente Alemán, Mexiko D.F.

GIEFER/MÄCKLER
1951 Alois Giefer/Hermann Mäckler,
Kleinwohnhaus, Frankfurt
Alois Giefer/Hermann Mäckler,
Siedlung Münster-Fauerbach

RUDOLF SCHWARZ
30er Jahre Rudolf Schwarz,
Wohnhäuser in Frankfurt a.M. und Offenbach

P.F. SCHNEIDER
Der moderne Architekt bemüht sich um ein lebendiges Verhältnis des Baues zur Landschaft.
1950 P.F. Schneider, Eigenes Haus in Köln-Rodenkirchen

PETER GRUND
1950 Peter Grund, Eigenes Haus, Darmstadt

ERNST NEUFERT
1950 Ernst Neufert, Eigenes Haus („Planerhof"), Darmstadt

Le Corbusier und Mario Pani hatten am stärksten die Gespräche über den Kollektivismus in Kunst und Leben von heute angeregt, Frank Lloyd Wright und Ernst Neufert dagegen die über den Individualismus.
Der Besucher hatte in diesem ersten Raum der Ausstellung nicht nur etwas von der Geschichte der modernen Architektur gesehen, sondern wohl auch ein wenig von den verschiedenen Rahmenkonzeptionen moderner Baumeister erfahren: von der Raumdurchgestaltung Behrens', von der zunächst malerischen, dann funktionellen, schließlich funktional-konstruktiven Raumgestaltung van de Veldes, der Gestaltung des Raumes nach den Bedürfnissen des Herzens durch Riemerschmid, der Raumgestaltung durch den plastischen Baukörper bei Perret und Pani, der funktionellen Raumgestaltung

und der Verbindung von Innen- und Allraum bei Gropius, vom „continuous space" Wrights und dem „fließenden Raum" bei Mies van der Rohe.

RÄUME DER ARBEIT

Hatte der erste Saal dem Besucher Räume der Wohnung, also des privaten Lebens des Menschen, gezeigt, so gab der zweite neben Kunsthandwerk Wiedergaben von Räumen der Arbeit, also denjenigen, in denen sich im wesentlichen das soziale Leben des Menschen abspielt.

BOILEAU/EIFFEL – BURNHAM – SULLIVAN
    1876   Boileau-Eiffel, Kaufhaus Bon Marché, Paris
    1894   Burnham & Co., Reliance Building, Chicago
    1904   Louis Sullivan, Warenhaus, Chicago

Viele Besucher waren überrascht von der frühen Modernität des Oberlichtraumes im Bon Marché. Er war eine Gemeinschaftsleistung des Architekten Boileau und des Ingenieurs Eiffel, von Vertretern zweier Berufe also, die seit den frühen Jahren des 19. Jahrhunderts getrennte Wege genommen hatten. Man bewunderte die frühe Modernität der Bauten der „Schule von Chicago".

MESSEL – OLBRICH – POELZIG – DUDOK – GRUND
    1904   Alfred Messel, Kaufhaus Wertheim, Berlin
    1908   J.M. Olbrich, Kaufhaus Tietz, Düsseldorf
    1911   Hans Poelzig, Kaufhaus, Breslau
    1929/30   W.M. Dudok,
                   Warenhaus „De Bijenkorf", Rotterdam
    1948   W.M. Dudok,
                   Wiederaufbauprojekt „De Bijenkorf", Rotterdam
    1950   Peter Grund, Kaufhof, Frankfurt a.M.

Theodor Heuss wies auf die Entwicklung in der Fassade der Warenhäuser von der vertikalen Gliederung (Messel) zur horizontalen (Poelzig) hin.

NYROP - BERLAGE
Berlage demonstrierte wieder die Schönheit der reinen Wandfläche.
- 1895 Nyrop, Rathaus, Kopenhagen
- 1897/1904 H.P. Berlage, Börse, Amsterdam

WAGNER - BEHRENS - DUDOK - BONATZ
- 1905 Otto Wagner, Postsparkasse, Wien
- 1912 Peter Behrens, Verwaltungsgebäude der Mannesmannwerke, Düsseldorf
- 1929 W.M. Dudok, Rathaus, Hilversum
- 1934 Paul Bonatz, Rathaus, Kornwestheim

PETER BEHRENS
Repräsentative Verschlossenheit und städtebauliche Einfügung.
- 1912 Peter Behrens, Deutsche Botschaft am Isaaksplatz, St. Petersburg

GERHARD WEBER - HENRY VAN DE VELDE - HANS SCHWIPPERT
„Ich versuchte, das Problem 'Repräsentation' mit Mitteln unserer Zeit zu lösen." (Henry van de Velde)
Gerhard Weber versuchte eine bauliche Gestaltung des Gedankens des „Runden Tisches".
„Ich wollte ein Haus der Offenheit, eine Architektur der Begegnung und des Gesprächs." (Hans Schwippert)
- 1933 Henry van de Velde, Empfangsraum des Königs der Belgier, Brüssel
- 1948 Gerhard Weber, Plenarsaal, Frankfurt a.M.
- 1948 Hans Schwippert, Bundeshaus, Bonn a.Rh.

JOSEPH PAXTON - GUSTAVE EIFFEL
Neue Materialien wurden früh in der Ausstellungsarchitektur verwandt.
- 1851 Joseph Paxton, Kristallpalast, London
- 1889 Gustave Eiffel, Turm, Weltausstellung Paris
- 1889 Palais des Machines, Weltausstellung Paris

MAX BERG
In der Jahrhunderthalle von Max Berg überspannt eine Kuppel von 4200 Tonnen Gewicht eine Fläche von 6340 qm (Kuppel von St. Peter, Rom: 10 000 Tonnen über 1600 qm).
   1913 Max Berg, Jahrhunderthalle, Breslau

GUSTAVE EIFFEL – PAUL BONATZ
Der moderne Verkehr vergrößerte und veränderte den Lebensraum des Menschen. Brücke und Wehr als Bestandteil der Landschaft.
   1880/84 Gustav Eiffel, Garabitbrücke
             Paul Bonatz, Staustufe, Heidelberg
   1942 Paul Bonatz, Reichsautobahnbrücke, Limburg

KREIS – BEHRENS – GRENANDER – PÜTZER – BONATZ
Der Verkehr veränderte das Bild der Städte. Der Architekt fügte die gestaltete Verkehrslage in das Stadtbild ein.
   1904 Wilhelm Kreis, Augustusbrücke, Dresden
   1914 Peter Behrens, Neue Brücke, Köln
Raum „Bahnhof"
   ab 1900 Alfred Grenander, Stadtbahnhöfe Berlin
   1908 Friedrich Pützer, Hauptbahnhof Darmstadt
   1913/27 Paul Bonatz, Hauptbahnhof Stuttgart

PERRET – A. MEYER – KAHN
Die Fabrik ist der neue Arbeitsraum von Millionen Menschen.
Massenbetrieb
   1919 Auguste Perret, Schneiderwerkstätte Esders, Paris
Menschenleere Fabrik
   Adolf Meyer, Elektrizitätswerk, Frankfurt a.M.
Laufendes Band
   Albert Kahn Co., Laufendes Band, Fordwerke, Detroit

PETER BEHRENS
1907 beauftragte ihn die AEG mit der Gestaltung ihrer Bauten und Erzeugnisse.
   ab 1907 Peter Behrens, AEG-Bauten, Berlin
   1924 Peter Behrens, Höchster Farbwerke (Vortragssaal)
„In diesen Räumen soll der Arbeiter seine Würde fühlen." (Peter Behrens)

Dieses Wort, überliefert von einem der ersten Bauherren Behrens', wurde wieder und wieder von der Presse zitiert, von Besuchern als programmatisch für das Bauen überhaupt gefordert.
    1908 Hans Poelzig, Werdermühle, Projekt

WALTER GROPIUS – HANS SCHWIPPERT
    1911 Walter Gropius, Faguswerk, Alfeld/Leine
    1914 Walter Gropius, „Fabrik", Werkbundausstellung Köln
    1950 Hans Schwippert, Annawerk
Dominanten im Lebensraum des heutigen Menschen sind die Mächte der Industrie und der Verwaltung.
    1922 Paul Bonatz, Stummkonzern, Düsseldorf
    1923 Fritz Höger, Chilehaus, Hamburg
    1924 Peter Behrens, Farbwerke Höchst
    1925 Peter Behrens, Gute-Hoffnungshütte, Oberhausen
    1927/30 Emil Fahrenkamp, Shellhaus, Berlin
    1928 Hermann Leitenstorfer, Technisches Rathaus, München
    1929/30 Hans Poelzig, IG-Farbengebäude, Frankfurt a.M.
    1951 Sep Ruf, Bayrische Staatsbank, Nürnberg

HENRY VAN DE VELDE
    Henry van de Velde, Projekt, Scheldeufer
    Henry van de Velde, Schnelltriebwagen der belgischen Staatsbahn

LUDWIG MIES VAN DER ROHE
    ab 1940 Ludwig Mies van der Rohe,
              Illinois Institute of Technology, Chicago
In den Raum der lebendigen Natur gestellt und der Sonne zu geöffnet, fängt der hochtechnisierte Baukörper des modernen Krankenhauses die natürlichen Kräfte als wesentliche Hilfen zur Heilung des kranken Menschen ein.
    1907 Pfleghard – Haefeli – Maillart,
           Kaiserin-Alexandra-Sanatorium, Davos

RICHARD DÖCKER
    1927 Richard Döcker, Krankenhaus, Waiblingen bei Stuttgart

OTTO RUDOLF SALVISBERG
    1929 Otto Rudolf Salvisberg mit Otto Brechbühl,
          Lory-Spital, Bern

OTTO BARTNING
1930/31   Otto Bartning, Landhausklinik, Berlin

ALVAR AALTO
1929/33   Alvar Aalto, Krankenhaus Paimio

WILHELM KREIS
1927/28   Wilhelm Kreis, Kurhaus Bad Schwalbach

Der künstlerische Aufbruch der Jahrhundertwende wurde in diesem Saal durch Kunsthandwerk und ausgelegte Bücher vergegenwärtigt. Der Besucher sah die ersten Jahrgänge der „Jugend", des „Simplicissimus" (mit Th.Th. Heines' Dogge auf dem Umschlag) und der „Insel", einen frühen Jahrgang des „Pan". Er sah die von Peter Behrens gestaltete Festschrift zur Ausstellung der Darmstädter Künstlerkolonie 1901, Friedrich Nietzsches „Also sprach Zarathustra" in der von Henry van de Velde besorgten Inselausgabe von 1907 und das Lechtersche Titelblatt von Stefan Georges „Maximin". Er dachte an die Querbezüge der einzelnen Künste, besonders vor Beardsleys Illustration der „Salome" Oscar Wildes (Richard Strauß!), und der Darmstädter war stolz auf seinen seinerzeit so wichtigen Verlag Alexander Koch. Die Universalität und die hohe Qualität des ersten „Jugendstils" und der gleichgerichteten Bestrebungen wurde sichtbar in Kunsthandwerk aus Darmstadt (Riegel, Olbrich), Wien (Josef Hoffmann), München (Riemerschmid, Debschitz, Berlepsch, Pankok), Holland (Eisenlöffel), Paris/Nancy (Gallé, Daum), Weimar (van de Velde), St. Petersburg (Faberger), New York (Tiffanny). Der Besucher sah den berühmten Wandteppich mit den Schwänen von Eckmann, Möbel von Olbrich, Stoffe von Morris, Baillie Scott, Niemeyer und Riemerschmid und schließlich Proben der ersten Bauhausstoffe.

RÄUME DER BILDUNG

Von dem Saal mit dem Kunsthandwerk und den Räumen der Arbeit ging der Besucher über zu dem nächsten Saal, in dem er sich zunächst Räumen der Bildung, also jenen gegenübersah, in denen sich der Mensch in seinem sozialen und geistigen Leben findet.

JOSEPH MARIA OLBRICH
„Seine Welt zeige der Künstler, die niemals war noch jemals sein wird." (Hermann Bahr)
   1901 J.M. Olbrich, Ernst-Ludwig-Haus, Darmstadt
   1908 J.M. Olbrich, Hochzeitsturm, Darmstadt

AUGUST ENDELL
   1898 August Endell, Atelier Elvira, München

HENRY VAN DE VELDE
   1901 Henry van de Velde, Folkwangmuseum, Hagen

PETER BEHRENS – THEODOR FISCHER – WILHELM KREIS
   1905 Peter Behrens, Folkwangmuseum, Hagen, Vortragssaal
   1911 Theodor Fischer, Kunsthaus, Stuttgart
   1930 Wilhelm Kreis, Hygienemuseum, Dresden

HENRY VAN DE VELDE
Van de Velde – „Apostel der Schönheit mit der schöpferischen Weisheit eines reichen Lebens". (Mendelsohn)
   1930 Henry van de Velde, Museum, Otterlo

RICHARD RIEMERSCHMID
Theater: Raum der Illusion.
Richard Riemerschmid baute 1901 in München das erste moderne Theater, frei von Historismus, um Formung aus der eigenen Zeit heraus bemüht.
   1901 Richard Riemerschmid, Schauspielhaus, München

AUGUSTE PERRET
Theater: „Schatzkästlein der Frauen, ihrer Erscheinung und ihrer Toiletten". (Perret)
   1911 A. Perret, Théatre des Champs-Elysées, Paris

HENRY VAN DE VELDE
   1911 van de Velde, Theatre des Champs-Elysées, Paris, 1. Entwurf
   1914 van de Velde, Werkbundtheater Köln

HANS POELZIG
Theater: Raum gemeinschaftlichen künstlerischen Erlebens.
   1919 Hans Poelzig, Großes Schauspielhaus, Berlin
         Hans Poelzig, Festspielhaus Salzburg, Entwurf
Kino: Erweiterung des Schau- und Erlebnisraumes des Menschen über die ganze Erde. Das Kino zeigt nicht mehr drei, sondern zwei Dimensionen.
   1925 Hans Poelzig, „Capitol", Berlin

RIEMERSCHMID – HOLZMEISTER
Der Rundfunk erweitert den Hör- und Erlebnisraum des Menschen über die ganze Erde.
„The world has become a whispering gallery." (Salwyn Schapiro)
   1930 Hans Poelzig, Rundfunkhaus, Berlin
         Richard Riemerschmid, Sendesaal, München
   1937/39 Clemens Holzmeister, Funkhaus, Wien

ENDELL – SCHWEIZER – SCHUSTER – MARCH
Das Sportstadion wurde unzähligen Menschen Raum gemeinschaftlichen Erlebnisses. Der Sport fördert die natürliche Bewegung. Die Stadien werden in die Landschaft eingefügt.
   1910 August Endell, Trabrennbahn, Berlin-Mariendorf
   1927 Otto Ernst Schweizer, Stadion der Stadt Nürnberg
   1929 Otto Ernst Schweizer, Stadion der Stadt Wien
   1934 Franz Schuster mit Fabry und Hirsch, Opelbad, Wiesbaden
   1936 Werner March, Olympiastadion, Berlin
Die moderne Schule – vom Kindergarten zur Universität – will nicht nur Bildung vermitteln, sondern persönlichkeits- und gemeinschaftsbildend wirken. Auch sie ist eingefügt in größere Planungen und hat engen Konnex mit den bildenden Kräften der Natur.

BRUNO TAUT – GROPIUS – HANNES MEYER
   1922 Bruno Taut, Schule, Berlin-Neukölln
   1925 Walter Gropius, Bauhaus, Dessau
   1931 Hannes Meyer, Bundesschule des ADGB, Bernau
   1936/37 Gropius und Maxwell Fry, Impington Village College

ELIEL SAARINEN - ALVAR AALTO
1939 Eliel Saarinen, Crow Island School, Winnetka, Ill.
1947/49 Alvar Aalto, Massachusetts Institute of Technology, Studentenheim

FRANZ SCHUSTER - SEP RUF
1930 und 1948 Franz Schuster, Kindergärten, Wien
1951 Sep Ruf, Kunstakademie Nürnberg, Entwurf

MARIO PANI
1945/47 Mario Pani, Escuela Nacional de Maestros, Mexico
Wandgemälde: José Clemente Orozco
1949 Mario Pani, Conservatorio Nacional de Musica, Mexico

BEHRENS - WAGNER - BESTELMEYER
Gemeinschaftlicher Raum strenger persönlicher Arbeit bleibt der Lesesaal der Bibliothek.
Die Bibliothek ist die Schatzkammer des Geistes.
1905 Peter Behrens, Lesesaal, Landesbibliothek, Düsseldorf
1910 Otto Wagner, Entwurf Universitätsbibliothek, Wien
1932 German Bestelmeyer, Lesesaal im Osttrakt der Bibliothek des Deutschen Museums, München

RÄUME DER ANDACHT

Der letzte Teil der historischen Abteilung war den Räumen der Andacht gewidmet, jenen Räumen also, die den Menschen aufnehmen, wenn die privaten, sozialen, geistigen und seelischen Elemente seines Lebens zusammenklingen. Der Vielfalt der Problematik wegen war in diesem Teil auf jede erläuternde Beschriftung verzichtet; in ihm wurde besonders viel diskutiert.

ANTONIO GAUDI
1883/1926 Antonio Gaudí,
    Kirche Sagrada Familia (unvollendet), Barcelona
Ernst Neufert fragte Gaudí einmal, ob oder wann er glaube, daß seine Sagrada Familia fertig werde, worauf Gaudí antwortete: „Bei einem irdischen Bauherrn spielen Termine eine Rolle, aber nicht beim lieben Gott." – „Das ist der Geist, der die Kathedralen baute", meinte dazu ein Priester.

AUGUSTE PERRET - KARL MOSER - PETER GRUND
1922 Auguste Perret, Kirche, Le Raincy bei Paris
1926 Karl Moser, St. Antoniuskirche, Basel
1928 Peter Grund, Nikolaikirche, Dortmund

HANS GRÄSSEL
seit ca. 1900 Hans Grässel, Friedhöfe in München
Die Führung erläuterte am Werk Grässels den Weg der Friedhofsgestaltung – von der parkähnlichen Anlage zum Waldfriedhof, wo die Toten in die fast unberührte Natur zurückgegeben werden.

FRITZ HÖGER
1933 Fritz Höger, Ev. Kirche am Hohenzollernplatz, Berlin

HEINRICH TESSENOW
Heinrich Tessenow, Ehrenmal unter den Linden, Berlin

DOMINIKUS BÖHM
1935 Dominikus Böhm, Kath. Kirche, Essen
1936 Dominikus Böhm, Krankenhauskapelle Haselünne (Hann.)
Dominikus Böhm, Kath. Kirche, Ringenberg bei Wesel

HOLZMEISTER - KURZ - GIEFER/MÄCKLER
1932 Clemens Holzmeister, Kirche St. Anton, Vorarlberg
Michel Kurz, Kirche St. Anton, Augsburg
1951 Alois Giefer/Herm. Mäckler, Kath. Kirche, Frankfurt a.M.

Entscheidende Gestaltungen des evangelischen und des katholischen Kirchenbaus, von Otto Bartning und Rudolf Schwarz, sah der Besucher nebeneinander. Er vermerkte das beiden bei aller Verschiedenheit der Herkunft und der Konzeptionen gemeinsame Streben nach Verwesentlichung.

OTTO BARTNING
1922 Otto Bartning, Sternkirche, Entwurf
1928 Otto Bartning, Stahlkirche, Köln
1932/34 Otto Bartning, Gustav-Adolf-Kirche, Berlin
1947/50 48 Notkirchen in Deutschland

RUDOLF SCHWARZ
1930 Rudolf Schwarz mit Hans Schwippert und Johannes Krahn, Fronleichnamskirche, Aachen
Rudolf Schwarz, Kapelle Leversbach
1951 Rudolf Schwarz, Wallfahrtskapelle Köln-Kalk

„Das ist nicht nur eine Guck-, sondern auch eine Denkausstellung", sagte Theodor Heuss, als er die Ausstellung verließ.

An die historische Schau schloß die Darstellung der Entwürfe „Meisterbauten Darmstadt 1951" und der Ergebnisse der Ideenwettbewerbe von Studenten neun deutscher Hochschulen an.

DAS GESPRÄCH

geführt in den Tagen vom 4. bis 6. August 1951
in der Stadthalle Darmstadt

LEITUNG: Prof. D Dr.-Ing. e.h. Otto Bartning, Darmstadt

KOMITEE: Bürgermeister Ernst Schroeder, Darmstadt
Stadtkämmerer Dr. Gustav Feick, Darmstadt
Professor Dr. Hans Gerhard Evers, Darmstadt
Stadtoberbaudirektor Professor Peter Grund, Darmstadt
Hans K.F. Mayer, Heidelberg

REDAKTION: Professor D Dr.-Ing. e.h. Otto Bartning
Professor Dr. Hans Gerhard Evers
Hans K.F. Mayer
Adolf Holzapfel, Verleger

GLIEDERUNG DES GESPRÄCHS:

Samstag nachmittag:

Übergabe der Leitung: Professor Dr. Hans Gerhard Evers, Darmstadt

Eröffnung: Professor D Dr.-Ing. e.h. Otto Bartning, Darmstadt

Professor Dr.-Ing. e.h. Otto Ernst Schweizer, Karlsruhe:
„Die architektonische Bewältigung unseres Lebensraumes"

Professor Dr.-Ing. Rudolf Schwarz, Köln/Frankfurt am Main:
„Das Anliegen der Baukunst"

Sonntag vormittag:

Professor Dr. Martin Heidegger, Freiburg:
„Bauen Wohnen Denken"

Öffentliche Diskussion

Sonntag nachmittag:

Professor José Ortega y Gasset, Madrid:
„Der Mythus des Menschen hinter der Technik"

Fortsetzung der allgemeinen Diskussion

Samstag nachmittag

PROFESSOR DR. HANS GERHARD EVERS, DARMSTADT:
Als im vergangenen Jahr zu einem Darmstädter Gespräch eingeladen wurde, das über die geistigen Grundlagen unserer Zeit geführt werden sollte, war es ein Anfang und ein erster Versuch. Heute, beim zweiten Darmstädter Gespräch, zeichnen sich schon ein Zusammenhang und eine Kontinuität ab. Die geistigen Vorgänge lassen sich nicht nach Gebieten wie Malerei, Dichtung, Architektur, Theater, Wirtschaft und wie immer voneinander trennen, sondern sie greifen von einem zum andern Bereich herüber. So sind auch die einzelnen Darmstädter Gespräche nicht zusammenhanglos, sondern sie richten sich auf ein Gemeinsames, auf ein Ganzes, auf ein Lebendiges, auf den Menschen, wie er als geistiges und soziales Wesen in unserer Zeit lebt, auch wenn jeweils eine besondere Seite an diesem Menschen herausgehoben wird. Die Stadt Darmstadt hofft auch fernerhin, solchen Gesprächen die Möglichkeit und den Widerhall zu geben.
Im vorigen Jahr hieß das Thema: „Das Menschenbild in unserer Zeit", und wir sprachen darüber, wie wir den Menschen in der Malerei und in der Plastik unserer Gegenwart ausgedrückt finden. Aus diesem vorjährigen Gespräch tragen wir die Gedanken, die Grüße, herüber in dieses Jahr und geben sie mit den guten Wünschen weiter, und wir bitten Herrn Professor Otto Bartning, die Leitung dieses zweiten Darmstädter Gespräches 1951 über Mensch und Raum zu übernehmen.• *Beifall*

PROFESSOR D DR.-ING. E.H. OTTO BARTNING, Darmstadt:
Meine Damen und Herren! Wir treten hiermit in das zweite Darmstädter Gespräch ein. Als vor annähernd einem Jahr Herr Ludwig Metzger als damaliger Oberbürgermeister von Darmstadt mich fragte, wie wir wohl eigentlich das zweite Darmstädter Gespräch benennen wollten, entschlüpfte mir das Wort „Mensch und Raum". Das war sehr unvorsichtig. Es ist immer unvorsichtig, einen Einfall zu haben, denn nachher wird von einem verlangt, daß man ihn auslöffelt, und so ist es mir auferlegt worden, dieses zweite Darmstädter Gespräch zu leiten. Es wird nicht immer leicht und es wird nicht einmal immer eine sehr dankbare Aufgabe sein.

Zunächst aber stellt diese Aufgabe mich vor eine durchaus freundliche Pflicht, nämlich die Pflicht, Sie alle hier herzlich zu begrüßen. Es ist heute morgen schon geschehen. Aber trotzdem möchte ich in diesem Kreise zunächst noch einmal den Dank an die Stadt Darmstadt aussprechen, die uns hier gastfreundlich aufnimmt, und zugleich an den Staat Hessen, der sowohl geistig wie auch materiell das ganze Unternehmen unterstützt.
Vorweg aber gedenken wir des Ursprungs unserer heutigen Veranstaltung 1951. Wir gedenken des Großherzogs Ernst Ludwig, des einzigartigen Bauherrn, und ich begrüße Seine Königliche Hoheit, den Prinzen Ludwig.• *Beifall* Wir denken an Peter Behrens, wir denken an Joseph Maria Olbrich, und ich begrüße seine Tochter, Frau Marianne, hier unter uns.• *Beifall* Aber auch unter den Lebenden erweitert sich unser Kreis weit über den Saal hinaus. Ich habe die Grüße auszurichten von Henry van de Velde. Wir waren ein-, zwei-, auch dreimal mit ihm in der Schweiz, und er war voller Eifer und guter Hoffnung, bei uns dabei zu sein. Heute, im letzten Augenblick aber hat doch der Arzt ihm angesichts seiner 86 Jahre die Reise verboten. Alvar Aalto, der Architekt aus Finnland, ist, wenn auch nicht persönlich, so doch mit seinem Projekt oben in der Ausstellung unter uns. Der große holländische Architekt Oud hat mir noch vor zwei Monaten geschrieben, wie sehr er es bedauert, nicht selbst dabei zu sein, und wünscht uns das beste Gelingen, ebenso Mies van der Rohe, der vorgestern noch an den Oberbürgermeister geschrieben hat, daß er bis zum letzten Augenblick gehofft hat, herüberkommen zu können, dann aber doch den Weg von Amerika im letzten nicht gefunden hat. Walter Gropius war bis vor wenigen Tagen in Deutschland und hat nicht genug sagen können, wie schade das für ihn ist, daß wir nicht eine Woche früher getagt haben, denn er war an den Termin seines Dampfers zur Rückfahrt gebunden. Sie alle aber sind mit ihren Grüßen bei uns, und für Walter Gropius begrüße ich Professor Bogner von der Harvard-Universität in Amerika, der ganz besonders seine Grüße uns überbringt.•

Beifall

Es klingt dies vielleicht nach Lücken. Es ist aber ganz im Gegenteil der Beweis für die Weite des Kreises, der unseren engeren Kreis hier umgibt, einen engeren Kreis von nicht minder gewichtigen Namen und Persönlichkeiten. Und so beginnen wir, indem ich Otto Ernst Schweizer bitte, zu uns zu sprechen zu seinem Thema „Die architektonische Bewältigung unseres Lebensraumes".•

Beifall

PROF. DR.-ING. E.H. OTTO ERNST SCHWEIZER,
KARLSRUHE:
DIE ARCHITEKTONISCHE BEWÄLTIGUNG
UNSERES LEBENSRAUMES

Meine Damen und Herren! Vielleicht denken manche von Ihnen, wenn von Architektur gesprochen wird, an schöngestaltete Häuser – vielleicht sogar nur an schöngestaltete Hausfassaden –, höchstens aber an die Aneinanderreihung solcher Fassaden zu einem schönen Platz; das heißt sie beschränken in ihren Vorstellungen den Aufgabenkreis der Architektur auf das einzelne Gebäude – oder auf die Zusammenfassung von mehreren Gebäuden zu einer formalen Einheit – und auf das Ästhetische. Sie stehen, wenn sie dies tun, unter dem Einfluß einer Tradition, die sich in Jahrhunderten gebildet hat und um 1900 alleinseligmachend war, heute aber überholt ist oder es wenigstens sein sollte. Das Gewicht hat sich in unserem Jahrhundert immer mehr von dem einzelnen Gebäude auf das Ganze einer Stadt oder eines Stadtteils verschoben. Zwar ist natürlich das einzelne Bauwerk nach wie vor als Aufgabe der Architektur vorhanden, aber die *wesentliche* Aufgabe, die uns heute gestellt ist, ist doch die: ein Großordnungssystem zu finden, das den bedeutenden Gegebenheiten Rechnung trägt, mit denen sich der moderne Architekt auseinandersetzen muß: mit dem Einbruch der Landschaft und der Technik in die Welt des Gebauten.

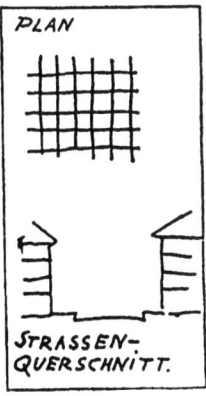

Die beiden Großordnungssysteme, die bisher in unserem Kulturraum Geltung hatten, das rationale Schachbrettsystem, das in der Antike und vom 16. bis 19. Jahrhundert vorherrschte, und das typologische System der gotischen Stadt, bezogen sich nur auf das Gebaute, auf die in Stein realisierte Stadt. Denken Sie – um ein recht bezeichnendes Beispiel zu wählen – an die mittelalterliche Stadt: Von Mauern umschlossen, war sie scharf von der Landschaft geschieden und wendete sich von ihr ab, auch wenn sie auf einem Hügel lag. Die Häuser waren nach dem Stadtinnern hin orientiert; die schöne Aussicht, auf die es uns bei unserem Naturgefühl heute so sehr ankommt, wurde damals nicht gesucht, sondern eher gemieden. Die englische Gartenrevolution im 18. Jahrhundert brachte den ersten Einbruch des „Grüns" in diese Welt des Gebauten. Schon etwas früher war die Baukunst in den Schloßanlagen des Barocks in Beziehung zum Gewachsenen getreten; aber dieses Gewachsene wurde unter das Gesetz der Architektur gezwungen, es wurde Architektur, die aus einem neuen Material geformt war.

Um die Mitte des 18. Jahrhunderts wurde das anders. Das Gewachsene wurde in seiner Eigenart, Form und Mannigfaltigkeit erkannt und belassen und so in die Gestaltung einbezogen. Aber die Städte blieben dennoch bis ins 20. Jahrhundert hinein Steinstädte, die zwar Parks und Gärten in ihrem Bereich bargen, aber von der Landschaft deutlich geschieden waren und kein Verhältnis zu ihr hatten.

Heute hat sich das geändert. Einerseits mußten die Städte, um die immer größer werdenden Menschenmassen aufnehmen zu können, weit in die Landschaft vorstoßen; andererseits zog man, dem Wunsche des modernen Menschen nach Verbindung mit der Natur auch in den Wohngebieten folgend, die Landschaft in Gestalt von Grünflächen immer mehr in die Städte hinein. War der Rahmen der gebauten Stadt im 18. Jahrhundert durch die Einbeziehung des Grüns ausgeweitet worden, so wird er heute durch sie gesprengt. Er wird aber gesprengt nicht nur durch die Landschaft, sondern auch durch die Technik, die seit dem 19. Jahrhundert ein neues Element des Städtebaus von größter Bedeutung geworden ist. Gewaltige Flächen des Stadtraumes werden von technischen Anlagen beansprucht: unsere Städte sind durchsetzt mit Bahnhöfen für Personen- und Güterverkehr, von Gleisanlagen, Fabriken, Lagerplätzen und dergleichen. Die Welt der Ratio findet ihren stärksten Ausdruck im Verkehrswesen: immer größere Geschwindigkeiten, immer größere Gleis- und Straßenanlagen, immer mehr Fahrzeuge werden gefordert. Man erkennt, wie sehr Veränderung und Expansion zum Wesen der Technik gehören. Stets wird etwas Neues gesucht und gefunden, auch wenn, wie es bei der Eisenbahn der Fall ist, eine stürmische Entwicklung nach hundert Jahren übersehbar geworden ist.

Es sind also die drei Komponenten: das Gebaute, das Gewachsene und die Welt der Ratio, welche unsere architektonische Großordnung bestimmen. Wir müssen entscheiden, auf welche Weise wir die Landschaft und auf welche Weise wir die Welt der Maschine in unsere Städte einbeziehen; wie wir die drei Elemente nebeneinander bestehen lassen können, ohne sie unsauber zu vermischen.

Die Baumeister früherer Zeiten fanden die Grenzen ihrer Raumgestaltung in der Materie – sehr feste Grenzen, die nicht verrückt werden konnten. Allgemein bekannt aus der Architekturgeschichte sind ja zwei Fälle, in denen große Meister scheiterten, weil ihre genialen Raumvisionen mit den Mitteln, die ihrer Zeit zur Verfügung standen, nicht realisiert werden konnten: das Münster von Ulm und die Peterskirche in Rom. Das Münster in Ulm war von Ulrich von Ensingen kühn, allzu kühn konzipiert und konnte von seinem Nachfolger nicht im Sinne dieser Konzeption weitergebaut werden. Im Petersdom wollte Bramante die Mittelpfeiler so wenig umfangreich wie möglich machen, um einen gewaltigen Raum mit wundervollen Durchblicken zu schaffen. Bekanntlich zeigten sich aber bald erhebliche Risse, so daß Michelangelo von der Raumvision Bramantes abgehen mußte und den Bau in einem ganz anderen Geiste vollendete. So erlitten zwei Große der Baukunst Schiffbruch, weil sie über die Grenzen hinauswollten, die ihnen von der Materie gesetzt waren.

Die Technik kennt heute diese Grenzen nicht; sie empfängt daher auch nicht von der Materie ihr qualitatives Maß. Es ist heute durchaus möglich, einen gewaltigen Raum von – sagen wir – 1200 m zu überbrücken oder zu überdachen; das heißt mit der Technik kann man Räume schaffen, deren Maße das menschliche Auffassungsvermögen weit übersteigen. Der Mensch muß also die Grenzen, die ihm nicht mehr von der Materie gesetzt werden, sich selber setzen. Aber woher bekommt er die Kriterien dafür? Wir stehen hier vor einer entscheidenden Frage, von deren Lösung viel für die Zukunft abhängt. Der Weg, den wir gehen müssen, kann nur der sein, daß sich der menschliche Geist durch äußerste Bemühung, durch Prüfung aller Faktoren, durch Erfahrungen und Vergleich der einzelnen Bauten miteinander ein qualitatives Maß *erarbeitet*. Es wird sich dann etwas Neues entwickeln. Wir sind heute nicht mehr die Menschen der Steinstadt, deshalb können für uns auch die Formen der Steinstadt nicht mehr verbindlich sein. Wir wollen heute, daß Innen- und Freiraum sich durchdringen, daß die Weite, ja die Unendlichkeit in unsere Gestaltung einbezogen wird. Bei all dem kann uns die Technik eine verläßliche Helferin sein; aber es ist nötig, daß sie gelenkt und geleitet, daß sie wieder auf den Menschen als ganze Person bezogen wird, damit sie nicht eigengesetzlich ihren Weg zerstörend fortsetzt. Das aber kann nur die Architektur leisten: Die Technik schafft die Räume, aber die Architektur gibt der Technik das verbindliche qualitative Maß der Gestaltung. Was wir erstreben, ist eine Ordnung von Gebautem, Gewachsenem und der Welt der Ratio *als Raum*. Die Disposition nach den Gesichtspunkten des Räumlichen macht nämlich die Bewältigung der modernen Großform erst möglich. Wir müssen hier kurz das Problem des Raumes in der Architektur streifen. Da von den Grenzen die Rede ist, in denen ein umschlossener Raum noch vom Menschen erlebbar ist, interessiert uns natürlich besonders der *weiteste* noch mögliche Raum. Er erhält sein Maß von der Reichweite der menschlichen Sinnesorgane, vor allem der Augen und des Gehörs. Wir haben aus der Antike riesige umbaute Freiräume; sie waren dafür bestimmt, gewaltige Menschenmassen aufzunehmen, die gekommen waren, um einem Schauspiel beizuwohnen und es zu erleben. Die größten dieser Bauwerke sind der Circus Maximus in Rom, der etwa 180 000 Menschen, und das Kolosseum, das 80 000 Menschen aufnehmen konnte. Beide waren in ihren Abmessungen so gehalten, daß alle Zuschauer, auch die auf den äußersten Sitzreihen, ein Ereignis, das sich auf der Bodenfläche abspielte, verfolgen konnten.

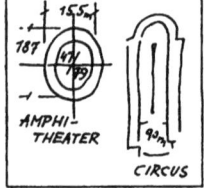

Was den architektonisch gestalteten Freiraum betrifft, so ist seine Geschichte in etwa auch die Geschichte der Entwicklung des räumlichen Sehens und des Gefühls für die Natur, für die Landschaft in ihrem Zusammenhang mit der Architektur. Wir wollen einige markante Punkte dieser Entwicklung herausgreifen und beginnen mit dem *Forum* des Julius Caesar in Rom. Es ist ein strenges architektonisches Gebilde, in Stein konzipiert, mit Säulengängen an den Langseiten und mit der Dominante des Tempels, auf den hin alles geordnet ist – eine begrenzte Welt, abgeschlossen von „außen" und in sich selbst ruhend, also das Gegenteil unseres Freiraumideals. Dennoch mutet dieses Forum – dies sei im Vorbeigehen rasch gesagt – uns Heutige in einer Beziehung sehr modern an: in der radikalen Trennung von Fußgänger- und Fahrverkehr. Die große Straße von Mailand nach Rom führte dicht am Caesar-Forum vorbei, aber sie streifte es nur. Das Forum blieb grundsätzlich den Fußgängern vorbehalten; so finden wir schon im antiken Rom Ansätze, den Bereich des Menschen von der ständigen Beunruhigung durch das Fahrzeug zu befreien.

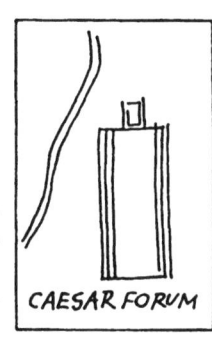

Der von Michelangelo entworfene Kapitolsplatz ist etwas ganz anderes als das Caesar-Forum, eine neue Raumform, ein Schritt weiter in der Entwicklung: eine Platzwand ist weggelassen, so daß man einen wundervollen Blick auf die Silhouette der Stadt Rom hat.
Eine ähnliche Konzeption finden wir in Versailles im Grand Trianon. Der ganzen Anlage – und der Rationalität des französischen Barocks – nach ist eine streng axiale Anordnung zu erwarten, doch hat man auf den einen Flügel des Schlosses verzichtet, um von der Terrasse einen Blick auf Wasser und Grün zu haben, ein Zeichen, daß man die räumlichen Beziehungen von Gebautem und Landschaft sehen und verstehen lernt.

Das großartige Beispiel einer innigen Verbindung von Gebautem und Landschaft aber ist die Stadterweiterung von Bath im 18. Jahrhundert, bei der eine ganze Neuanlage von Wohnbauten auf das Erlebnis der schönen Aussicht abgestellt ist. Dieser englische Badeort hatte das Glück, einen Architekten zu finden, der seiner Zeit weit voraus war. Er versuchte in wahrhaft sozialer Gesinnung, möglichst viele Menschen an der Gunst einer

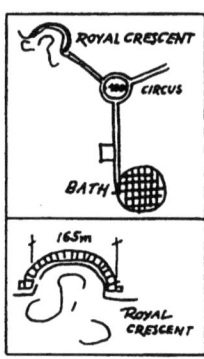

schönen Lage teilhaben zu lassen; deshalb wurden die Gebäude in der Front schmal gehalten und nach der Tiefe hin ausgedehnt, um die Zahl der an einem so bevorzugten Ort Untergebrachten recht groß zu machen. Das geschah in Bath im Jahre 1762. Leider ist dieser soziale Gedanke später wieder verlorengegangen. Er hat auch in England keine Folgen gehabt, und das 19. Jahrhundert hat ihn vollends weggewischt. Wer heute einen schönen Hang bebauen will, denkt unwillkürlich an weitläufige Villenbebauung; es ist eine Aufgabe des sozialen Wohnungsbaues, eine schöne Lage möglichst vielen Menschen zugute kommen zu lassen.

Zum Schluß seien noch zwei Platzformen erwähnt, welche die Entwicklung fortsetzen: Die Place de la Concorde – 220 auf 360 m – wird auf zwei Seiten von Gebäuden flankiert, aber auf den beiden anderen flutet die Landschaft bis an die Raumschwellen des Platzes heran. Hier ist die Abgeschlossenheit des auf allen vier Seiten umbauten Raumes weitgehend durchbrochen und eine neue Form der Verbindung von Architektur und Landschaft gefunden. Auch der Königsplatz in München brachte in seiner ursprünglichen Anlage eine Lösung in diesem Sinne: das Gewachsene stieß diagonal aus vier Richtungen gegen ihn vor.

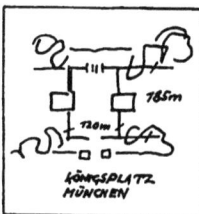

Wenn wir die Reihe dieser Beispiele überblicken, so erkennen wir deutlich die Tendenz, den streng geschlossenen Freiraum entsprechend dem sich wandelnden Raum- und Naturgefühl aufzureißen, ihn dem nach Weite verlangenden Blick zu öffnen und ihn in immer innigere Verbindung mit dem „Grün" zu bringen. Heute ist diese Tendenz besonders stark ausgeprägt. Demgemäß muß ein neues System gefunden werden, das es möglich macht, das Gewachsene in die gewaltig erweiterten Stadtbereiche aufzunehmen. Andererseits aber müssen wir bestrebt sein, die weite, freie, mit Siedlungen nicht – oder nur wenig – durchsetzte Landschaft – das „Land", wie wir sagen – in ihrer Ursprünglichkeit und Eigentümlichkeit zu erhalten, denn sie ist als Lebensraum auch für die Stadtbevölkerung unentbehrlich. Hier nun erhalten wir eine unerwartete Hilfe aus der Welt der

Ratio, und zwar durch die Tendenz zur Entmaterialisierung.

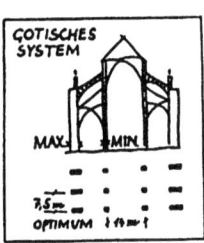

Wir kennen eine ähnliche Tendenz schon aus der Gotik. Die gotische Kathedrale ist ein System, bei dem die in der Gewölberegion wirksamen Kräfte *in einzelnen Punkten* auf die Bodenfläche übertragen wurden. Die Bauten, die so entstanden sind, haben praktisch kaum noch Wände; diese werden zum großen Teil in Glasflächen aufgelöst, wie wir es besonders in vielen französischen Domen sehen. Diese Ätherik wurde von den Baumeistern jener Zeit immerhin schon so gut beherrscht, daß ein gotischer Pfeiler in seiner Dimensionierung einem Eisenbetonpfeiler unserer Zeit sehr nahe kommt. Man kannte die statischen Zusammenhänge durch Intuition und Erfahrungen schon lange, bevor Leibniz die Grundlagen schuf, sie wissenschaftlich zu erfassen. In unserer Zeit hat die Technik die Ätherik wieder hervorgetrieben. Welche Maße hatte noch vor kurzem ein Funkturm!

Und nun halten Sie dagegen etwa den Sender in Mühlacker: er ist nicht viel mehr als ein Strich – ein Strich in der Landschaft, 280 m hoch, entmaterialisiert zu einem schmalen Gebilde von 1,30 m Durchmesser. Es ist etwas Unerhörtes, noch nie Erlebtes, solche „Abstraktionen der Materie" in die Landschaft, die von ihnen nicht beeinträchtigt wird, gestellt zu sehen. Dabei schreitet die Entmaterialisierung immer weiter vorwärts: Abmessungen, die noch vor wenigen Jahrzehnten, ja vor wenigen Jahren gültig waren, sind heute weit unterschritten. Die Welt der Technik läßt sich zwar vom Menschen kaum gestalten, aber sie trägt das Gesetz ihrer Gestaltung in sich selbst. In ihren Gebilden ist die Materie so auf ein Minimum reduziert, daß man lernt, diese Gebilde zu übersehen, daß sie praktisch verschwinden. Es wäre natürlich falsch, an solche technischen Anlagen mit Begriffen heranzugehen, die von der Stilarchitektur übernommen sind. Man hat, die Tendenz zur Entmaterialisierung völlig verkennend, die Konstruktionen der Technik mit Steinen ummauert, um so ihren technischen Charakter schamhaft zu verdecken; man hat durch diese Kompromisse nur die Landschaft zerstört oder gefährdet. Wir sollten uns von solchen Rückfällen in die Romantik

BRÜCKE UND LANDSCHAFT

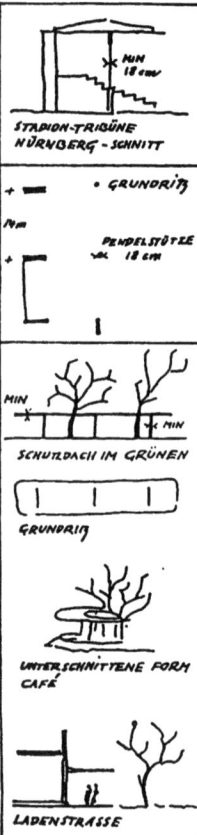

STADION-TRIBÜNE
NÜRNBERG - SCHNITT

GRUNDRISS

PENDELSTÜTZE
⌀ 18 cm

SCHUTZDACH IM GRÜNEN

GRUNDRISS

UNTERSCHNITTENE FORM
CAFÉ

LADENSTRASSE

frei machen. Es ist für einen Menschen unserer Zeit schön und begeisternd, diese neuen Formen, die noch keine Generation vor uns je gesehen hat, in der Landschaft auftauchen zu sehen.

Lassen Sie mich Ihnen noch ein Beispiel geben. Denken Sie sich eine Brücke, welche die Straße oder die Eisenbahn über ein anmutiges Wiesental führt. Eine lichte, luftige Eisenkonstruktion schwingt sich leicht von Talrand zu Talrand; selbst wenn Pfeiler diese Konstruktion stützen, sind sie so schmal, daß sie den Blick nicht aufhalten. Durch Mauermassen und Steinpfeiler würde die Landschaft erdrückt und zugedeckt; das schöne Tal wäre zerschnitten, das Auge könnte seinem lieblichen Verlauf nicht mehr frei folgen. Die äußerste Reduktion aller Bauglieder durch die Technik aber macht es möglich, daß wir über die Brücke hinweg und durch sie hindurch die Werte der Landschaft aufnehmen.

Übrigens hilft uns die Ätherik nicht nur, die freie Landschaft zu erhalten, sie gibt uns auch neue Mittel zur Gestaltung des architektonischen Raumes. In dem Nürnberger Stadion sind auf der Tribünenseite in einem Abstand von 14 m Pendelstützen angeordnet, die auf den minimalen Durchmesser von 18 cm reduziert sind. Diese Stützen tragen das Betondach; die Windkräfte werden von vorgezogenen Betonscheiben aufgenommen. Das Tribünendach – seine Maße sind 22/102,70 m – wirkt aus der Untersicht trotz der Pendelstützen als einheitliche große Fläche, die den Blick in ihren rapiden, perspektivischen Verlauf hineinreißt. Das technische Element der auf ein Minimum reduzierten Pendelstützen wird dadurch, daß es räumliche Werte möglich macht, zu einem Element der Architektur. Die Breite des Daches läßt uns zu einem vollen Gefühl für die Werte des Raumes kommen, obwohl dieser Raum auf der einen Seite nicht geschlossen ist: Eine solche Gestaltung war nur mit den Mitteln möglich, die uns die Technik in die Hand gegeben hat; es gibt noch viele solche Mittel. Ich möchte hier nur kurz auf die großen Wandöffnungen hinweisen, welche die modernen Konstruktionssysteme und die Glasindustrie von heute zur Voraussetzung haben.

Aber das sind Details, die, so interessant sie sein mögen, uns nicht von der Hauptsache ablenken dürfen. Die Hauptsache aber ist die architektonische Einheit. Wir müssen erkennen, daß sie nur gewonnen werden kann mit Hilfe der Technik und ihrer Errungenschaften, besonders ihrer Tendenz zur Entmaterialisierung, und durch die Dienste, welche die Technik bei der räumlichen Bewältigung der Großform leistet. Denn sie hat die Möglichkeiten, einen großen Rahmen zu schaffen, Raum zu schaffen, in den die architektonische Gestaltung neuer Gebilde in großer Dimension vordringen kann, in größerer als je zuvor in der Vergangenheit. Wenn aber die Technik der Architektur gestattet, diese Großräumigkeit zu bewältigen, so muß andererseits der Mensch durch die Architektur der Technik ihre Grenze und ihre qualitativen Maße setzen. So werden wir der Lösung der Aufgabe näher kommen, das Gebaute, das Gewachsene und die Welt der Ratio zu einer Einheit zusammenzuführen. Dabei muß das Ziel stets der architektonische Raum bleiben, die Gestaltung der großen architektonischen Dimension durch den Raum mit den Elementen der Landschaft, mit Busch und Baum, Wald und Wiese, mit dem Wasser, der Atmosphäre und dem alles umflutenden Licht.• *Beifall*

PROFESSOR DR.-ING. RUDOLF SCHWARZ, FRANKFURT: DAS ANLIEGEN DER BAUKUNST

Meine Damen und Herren! Nach dem tief ins Sachliche greifenden Vortrag des Herrn Professor Schweizer scheint es mir angebracht, bei einer Veranstaltung wie der gegenwärtigen, die ein fünfzigjähriges Jubiläum in sich begreift, also ein halbes Jahrhundert umfaßt, einmal grundsätzlich das Anliegen der Baukunst hervorzustellen, sozusagen tief Atem zu schöpfen, dieses halbe Jahrhundert einmal in sich einzunehmen und daraus zu lernen für ein zweites halbes Jahrhundert.
Der Gedanke der Stadt Darmstadt, dieses Jubiläum zu feiern, hat uns alle sicherlich sehr gefreut. Vor fünfzig Jahren stieg mit einem Mal, unerwartet und unerhofft, eine neue Baukunst empor, die geschlafen hatte wie die Blume in ihrer Knospe, und sie war

da, fertig und strahlend und schön, auf einen Tag, und es wird damals kaum jemand gezweifelt haben, daß sich da eine neue Welt anbot, eine Welt der Schönheit, des blühenden Glücks, und sicherlich haben die Herzen hoch geschlagen und Großes gehofft. Um so schmerzlicher mußten wir es empfinden, daß man diese erste Jugendstilzeit später so geflissentlich totschwieg, selbst die Bezeichnung des Jugendstils war ja zu einer Lächerlichkeit, etwas Komischem geworden, und nur wenige dachten daran, daß wir diesen Jahren zwischen 1900 und 1910 fast alles zu verdanken haben, was das Jahrhundert an lebendiger Baukunst aufzuweisen hat. Wenn Sie die Bauten der damaligen Zeit einmal aufmerksam durchsehen, werden Sie entdecken, daß alle diese Formen, die nachher so ins Breite und auch Flache vorgetragen wurden, und mit denen sich Künstler zweiten und dritten Ranges als moderne Männer legitimierten, alle schon plötzlich in den Bauten dieser wenigen Großen, der Olbrich, der Endell, der Wagner und Billing da waren.

Ich glaube auch, daß man sagen kann, diesem Jahrzehnt sei zu verdanken, daß in unserem Jahrhundert überhaupt überragende Baumeisternamen genannt werden können. Es kann ja sein, daß dieses Jahrhundert, das vielleicht das wirkliche säculum obscurum post Christum natum genannt werden wird, viel mehr als das nachkarolingische, das man so genannt hat, in der Baukunst nichts mehr hervorbringen wird als diese leuchtenden Baumeistergestalten, die immerhin unser Jahrhundert vor der Zukunft rechtfertigen. Es bot sich hier eine Welt an, die schön war und strahlend und ein wenig traurig und todesmüde, so wie das Leben eben in seiner Blüte ist, und sie fing an zu strahlen; aber dieses Licht erlosch bald unter bitteren Umständen. Der ersten Generation blieb die zweite versagt. Es ist ja doch sonst in der Baugeschichte immer so, daß die erste Generation den großen Durchbruch vollzieht, und daß die nachfolgende die eigentlichen Verwirklicher stellt. Diese zweite Generation ist den Menschen, die den Jugendstildurchbruch vollzogen haben, versagt geblieben. Er versank in allen möglichen skrupulösen Überlegungen, in allen möglichen Irrlehren materialistischer Art, funktionalistischer Art, und was noch übriggeblieben war an kümmerlicher Blüte, wurde schließlich zertrampelt.

Für einige ist Darmstadt immer so etwas wie ein Wallfahrtsort geblieben, wohin man fuhr in den trostlosen Jahren, wo man sich freute, daß einmal der Geist so schön geblüht hatte, und wo man die bittere Frage stellte: Wie war das nur möglich, daß es ein solches Ende nehmen konnte? „Wie war das nur möglich?" Diese Frage steht heute auch vor uns. Es lassen sich ja viele Gründe aufzählen, warum die zweite Generation ausgeblieben ist, aber die Gründe sind meistens unechter Art. Zwei geistig und geschichtlich unnötige Kriege, in denen die Hoffnung eines groß und edel gemeinten Volkes zusammenbrach, alle möglichen Irrtümer und Mißverständnisse, Funktionalismen und Konstruktivismen und Technizismen – das alles läßt sich nennen; aber wenn hier wirklich siegreicher Geist sich anbot, dann hätte er doch alle diese äußeren Hindernisse überwinden und besiegen müssen. Die Gründe müssen wohl tiefer liegen.

Was die Jugendstilgeneration meinte, das war eine Welt, die schön war, die aus ihrer inneren Kraft und aus ihrer inneren Gemeintheit heraus in Blüte aufbrechen und in Frucht reifen sollte, eine Welt, die ganz aus dem Inneren heraus aufwachsen sollte. Aber diese Meinung und diese Hoffnung war von zu wenigen getragen, und die sie trugen, waren Künstler. Die Welt, wie sie wirklich draußen lag, hatte mit dieser Hoffnung wenig zu tun, die lag in Gittern und Kerkern. Es ist leider, wenn ich es mir überlege, wirklich nicht möglich, eine andere Bezeichnung für die Weltform der damaligen Zeit zu finden. Ich will Ihnen das zu zeigen versuchen. Der menschliche Geist hat irgendeine geheimnisvolle Fähigkeit, sich selbst abstrakte Systeme zu setzen, in die er sich fesselt und einkerkert. Das neunzehnte Jahrhundert hat – mit einem ungeheuren konstruktiven Scharfsinn solche Systeme erdacht, beginnend mit dem Begriff der Wissenschaft, der ein „Gehäus" war, eben ein „Begriff", ein System, mit dem man die Dinge äußerlich greifen, packen kann, wobei es aber ganz gleichgültig ist, was der Inhalt dieses Begriffes jeweilig ist. Es kommt bei dem großen Gehäus der damaligen Wissenschaft nur darauf an, die Welt zu begreifen, die Welt in den Zugriff zu bekommen, zupacken zu können. Es kommt darauf an, ob etwas wirksam ist, die Wahrheitsfrage wird nicht gestellt. Es ist das vielleicht die grandioseste Gefängniskonstruktion, die der menschliche Geist sich jemals entworfen hat, und zaghafte Proteste wenden sich erst spät dagegen. Ich brauche nur an Scheler zu erinnern, der neben das Herrschaftswissen das Bildungswissen und das Erlösungswissen gestellt wissen wollte, oder ganz andere, die mehr von der Methodik her kamen und zu zeigen versuchten, daß der Begriff niemals die Wahrheit liefere, weil er nur die greifende, packende Hand in

sich verwirkliche, daß man der Dinge erst inne werde, wenn zu dem packenden Begreifen der Hand das Gefühl komme, andere wieder, wenn dazu das Auge komme, das staunend und bewundernd wahrnimmt, wie die Welt allenthalben in Formen steht, deren jede Form Wahrheit besagt, und zwar in einer unersetzbaren, nur dem Auge erschließbaren Art. Wenn ein anderer – Kaiser – kommt und sagt, zum Erkennen der Welt gehöre auch das Ohr, das den Klang in der Welt wahrzunehmen vermag, und wenn schließlich, alles zusammenfassend, gesagt wird, um der Welt inne zu werden und sie zu verstehen, genüge auf keinen Fall der Begriff, sondern müsse der ganze Mensch sich mit allen seinen Sinnen und Fähigkeiten liebend verschwenden an die zu erkennende Welt, dann zeigt sich darin, wie furchtbar dieser Kerker, dieses Gefängnis, in das sich das Jahrhundert selber gesetzt hatte, war. Man könnte dieses Beispiel des Gitters fortsetzen, etwa mit einem Blick auf die Wirtschaft, wo die arbeitende Menschheit in ein völlig abstraktes, vom Menschen und der Güte seiner Ware absehendes Wirtschaftssystem eingekerkert und eingegittert wird, ein System, wo es nur darauf ankommt, etwas Meßbares zu erreichen, nämlich die Fiktion, das fingierte Geld zu vermehren, einerlei, was darüber dem Menschen widerfährt, der als wirtschaftender Mensch nichts ist als eine Zahl in dieser Geldrechnung, und einerlei, was dann die menschliche Arbeit wirklich für einen Wert hat, die nicht die Frage nach der Güte der Ware, nach der Güte der Produktion stellt, sondern nur nach dem Geldwert.
So sehen wir in der Wirtschaft wiederum dieses merkwürdige, vom menschlichen Geist konstruierte abstrakte Gehäus, dieses Koordinatensystem, in das das wirkliche Leben hineingezwungen wird. Ähnlich die Technik, eine ursprünglich hoch und edel gemeinte Weltform, entstanden in der sinngemäßen Fortsetzung der Gotik, in der jenseitssüchtigen Seele einsamer Gottsucher, mit der einzigen Absicht, den Stoff der Welt zu erleichtern, weil es diese spätmittelalterlichen Menschen für edler fanden, daß ein Gebilde aus wenig Stoff bestehe als aus viel Stoff. Aus solchen edlen Sehnsüchten und Spekulationen entstanden, war die Technik ursprünglich eine echte und große Form von gemeinter und möglicher Welt, doch das neunzehnte Jahrhundert hatte gemerkt, daß man mit dieser Weltform die Welt unterjochen und in den Zugriff, in den Griff kriegen könnte, und hat aus ihr die Klaue und das Gerät gemacht, um die Welt zu packen, zu zerstücken und zu zerarbeiten.

Diese Vorstellung des abstrakten Systems, des Gitterwerks, das
der menschliche Geist sich entwirft, um darein sich selber zu
pferchen, ist vielleicht das aufschließendste Bild, unter dem man
die damalige Zeitsituation erkennen könnte, und dieser wirkliche,
wenn auch nicht gute Weltwille wendete sich auch an den Architekten, und was konnte er denn anderes bestellen, als eben
dieses Gehäus und dieses Gitter, den großen Menschheitskerker,
und die Architekten lieferten ihn pünktlich. Was ist denn die
Massenstadt des endenden neunzehnten Jahrhunderts oder, sagen
wir der achtziger, neunziger Jahre anderes als der völlig adaequate
Ausdruck dieses Gitters und Kerkers mit ihrem System von Kontrollgängen, ihren Straßen, wo man die Menschenmasse kontrollieren und in Zaum halten kann, und den ringsum umzäunten
quadratischen oder dreieckigen Häuserblöcken und den Mietskasernen, wo man die Menschheit in Behälter füllt, ohne Rücksicht
darauf, was sie biologisch oder menschlich oder seelisch oder
irgendwie sonst nötig habe, nur noch Silos und Magazine für
Menschen, die keine Menschen, sondern Arbeitskräfte oder Rands,
wie der Engländer sagt, sein dürfen. Das wurde verlangt vom
Architekten, bestellt, geliefert und bezahlt.• Da aber die Architektur eigentlich sich zu Höherem berufen fühlte, gab man ihr *Beifall*
auch diese höheren Aufgaben, bestellte, lieferte und bezahlte auch
diese. Man beauftragte sie, diese Scheußlichkeiten zu dekorieren
und der Vergangenheit ihre hohen Embleme abzunehmen und
sie als Tempelgiebel auf die Bank aufzukleben, als gotische Fiale
auf das Gebäude des Postamtes,• ein Raub, den die Zeit am *Lachen*
Heiligen tat, denn der Tempelgiebel war einmal der Wohnort
der Götter an der Stirn des Tempels, die Fiale trug einmal der
Dom.
So war es wirklich bestellt. Die Meister, deren Gedächtnis wir
in diesen Tagen feiern, meinten eine von innen her glühende,
von innen her fruchtende, ihre eigene Schönheit feiernde Welt,
und sie fanden dafür keinen Anklang und keine Abnahme, denn
was bestellt war, war der große Weltkerker, war das große abstrakte
Gitterwerk der Weltkoordinaten, in das man das Leben einpferchen wollte. Gewiß, wären es große Kämpfer gewesen und nicht
nur große Künstler, dann hätten sie vielleicht diesen Kampf bestanden. Aber was will schon eine Handvoll Künstler, großer
Künstler und guter Künstler, gegen eine solche Weltmeinung? Es
müßten schon andere Mächte aufbrechen, um diesen Willen der

Architektur einfließen zu lassen als einen bescheidenen Beitrag in die große Menschheitsrevolte.

Gewiß erlebte man damals eine Wiedergeburt oder vielmehr einen erstaunlichen Aufbruch der ästhetischen Lehre. Es ist die Zeit der großen Ästhetennamen, der großen Kunstwissenschaftler, die das Künstlerische zum Gegenstand einer Wissenschaft machten, und tatsächlich ist auch diese so etwas wie eine Oase, wie ein Lichtlein im Dunklen. Denn für diese junge Ästhetik war die Kunstform nicht befohlene Form, sondern formwerdender Geist, und sie hat es verstanden, in ihrem Einflußbereich die Kunst zu retten. Dafür gebührt ihr unser Dank. Bedenklich wird schon die merkwürdige Inhaltslosigkeit ihrer vermeintlich wissenschaftlichen Begriffe. Ästhetische Kategorien – etwa Wölfflins – lassen sich zur Not auf die verschiedensten Inhalte anwenden.

Man verkennt, daß es sich hier um Dinge handelt, die im Leben stehen und nicht nur irgendein ästhetisches Scheindasein führen, vielleicht dieses überhaupt nicht, sondern eben saft- und krafterfüllte Dinge des Lebens sind. Hier zeigt sich schon, wie blaß und etwas kraftlos diese Ästhetik ist. Schon das Wort vom Ästheten hat ja irgendetwas Dünnes und Saftloses an sich. Auf die Architektur angewendet, hat die Ästhetik aber leider sehr wenig gefördert. Gewiß, sie hat uns vieles Schöne sehen lernen, und dieser breite Fluß von kunstwissenschaftlichen Büchern, der ja bis heute durch Europa fließt, hat manchen zum Schönen hingeführt. Wir wollen nichts dagegen sagen. Sie sind prachtvoll fotografiert und prachtvoll gedruckt und geistreich geschrieben, aber hier zeigt sich ein kleines Symptom, das unserer Aufmerksamkeit vielleicht allzusehr entgeht: Alle diese Bücher, ob sie nun um große oder kleine, bekannte oder unbekannte Bauwerke oder um ganze Epochen der Kunstgeschichte kreisen, alle diese Bücher haben viele Bilder, und diese Bilder sind fotografiert. Das ist für Sie vielleicht so selbstverständlich, daß Sie wahrscheinlich staunen, warum ich darauf hinweise. Natürlich sind die Bilder fotografiert. Wir müssen uns aber erinnern, daß früher, vor Jahrzehnten, in unseren Lehrbüchern keine fotografierten Bilder waren, sondern maßstäbliche Zeichnungen, und daß erst seit kurzem im fotografischen Apparat sich ein Instrument anbietet, das dem einsamen, isolierten Ästheten so richtig zur Hand liegt, nämlich dem Manne, der sich allein einem großen Werk gegenüberstellt und daran eben – meinetwegen bewundernd – Bemerkungen macht, aber gegenübersteht, der nicht darin ist; der Fotoapparat ist eine Ma-

schine, die an einem bestimmten Punkt aufgestellt wird und nur durch ein einziges Auge einen großen Raum anstiert.• Wir haben uns vielleicht alle noch nicht klargemacht, wie inadaequat und im Grunde unwürdig diese Methode ist, großen Architekturen zu begegnen.• Ich möchte da ein Buch nennen, gerade weil es ein gutes Buch in seiner Art ist: Hürlimanns „Die Kathedralen Englands", kürzlich erschienen. Ja, du lieber Gott, da ist aus allen möglichen Standpunkten herauf- und hinabgeguckt an diesen grandiosen Werken, und da sind Überschneidungen und merkwürdige Winkel entdeckt worden, und das Ganze ist eine furchtbar banale Angelegenheit, die eben eines Fotografen. Unsere Architektur ist aber doch etwas mehr. Welcher Musiker würde sich nicht empören, wenn man ihm statt einer anständig geschriebenen Partitur eine Schallplatte anböte? Und genau das – oder vielmehr mehr als das – tut man uns an. Die Architektur hat ihre eigene Sprache entwickelt oder vielmehr ihre eigene Methode, ihre Partituren zu verfassen, und die heißt: Grundriß, Aufriß und Schnitt. Dazu gehören Maßstäbe, und damit ist die Sache erledigt. So spricht Architektur. Was der einzelne in diesem Grundriß für ein Erlebnis haben kann, haben soll oder auch nicht hat, das ist vollkommen gleichgültig in dieser Sprache. Denn der Grundriß zeigt die Form, zu der der einzelne nur ganz bescheiden seinen Beitrag leistet. Der einzelne hat sich in diese Form mit Hunderten oder Tausenden anderen beigetragen, und sie haben gemeinsam diesen Kreis, der vielleicht nichts ist wie ein simpler Kreis, erst hervorgebracht. Natürlich kann der einzelne diesen Kreis besehen, falls ihm in irgendeiner Pause des festlichen Geschehens die Zeit dazu gelassen wird. Aber hervorgebracht hat diesen Grundriß – der absolut objektiv ist und niederschreibbar wie irgendeine mathematische Formel – hervorgebracht hat ihn nicht dieser einzelne, sondern die Gemeinschaft als eine Leistung, die nur auf ihrer Ebene überhaupt möglich ist. Diese Fotografiererei und alles, was dahintersteht, übersieht die eigentliche Leistung der Architektur: nämlich viele einzelne hineinzutun in irgend etwas: viele einzelne opfern sich, geben sich ganz hinein in eine Gemeinschaft, und dann erblüht ihnen plötzlich eine Form, die dem einzelnen völlig verschlossen wäre, die er wohl als Reisender mit dem Reiseführer besehen kann, die er aber niemals hervorbringen würde.
Die Sache ist ein bißchen schwierig. Ich versuche, sie jetzt zu erläutern.

Lachen

Beifall

Sie wissen alle, daß es zwei große Grundformen gibt, um die die Baukunst des Abendlandes Jahrtausende gerungen hat: die zentrale Form und die lange Form, Zentralbau und Langbau. Zentralbau als die innerste Verdichtung einer Volksgemeinschaft zu einem einheitlichen Werk, und Langbau als die Umbauung eines Weges, den ein Volk macht. Beide Formen, die ganz einfach sind – in jeder alten Kunstgeschichte können Sie die Grundrisse nachsehen, es ist das Äußerste an Einfalt, das es gibt –, beide Formen sind dem einzelnen unerreichbar. Die Rundform ist etwas, das dem einzelnen völlig verschlossen bleibt, da er nicht kreisförmig beschaffen ist. Der Mensch ist gerichtet, er hat einen gewissen Raum voraus, und hinten ist nichts mehr. Die Rundform aber ist dem einzelnen unerreichbar, stellt sich aber sofort ein, wenn mehrere Menschen da sind, die sich die Hände reichen, ob sie um einen Tisch sitzen oder einen Reigen bilden. Wenn sie sich alle zusammen in ein Gemeinsames hineingeben, dann tut sich ihnen auf einmal die Rundform auf. Mit der Langform ist es das gleiche. Gewiß, der einzelne ist unterwegs, der Mensch ist ein Geschöpf, das auf den Weg geschickt ist, aber der Weg des einzelnen tut sich nach vorn hin erst auf, er muß ihn sich erschreiten, und hinten bleibt nichts übrig wie die Spur. Ein Langbau entsteht daraus nicht. Ein Langbau entsteht, wenn sich eine Volksgemeinde, sagen wir hier diese, zu Reihen formiert, nebeneinander, hintereinander, dann ist plötzlich der Langbau da. Auch diese große architektonische Grundform ist erst dann gegeben, wenn es viele über sich bringen, sich hineinzutun, sich opfern, sich vorbehaltlos hineingeben in ein Gemeinsames. Aus ihrem Opfer werden sie teilhaftig einer ganz anderen Weltform, einer ganz neuen Daseinsweise, die ihnen auch als einzelnem wieder zurückgeschenkt wird, denn sie bleiben ja außerdem noch Persönlichkeiten.

Dieses Beispiel der Überschätzung der egozentrischen Zentralperspektive des Fotografen im Gegensatz zum Grundriß, dem anständigen Grundriß aus der Schule des Architekten, mag Ihnen wohl zeigen, wie sehr das Architektonische in seinen wesentlichen Leistungen verkannt wird. Die Herstellung des Grundrisses, des Aufrisses, des Schnitts, der Maße, das ist die ungeheure Leistung des Architekten. Es ist eine Leistung, die nur durch das Opfer vieler Menschen in ein Gemeinsames erreicht werden kann, dann aber wird dieses Opfer belohnt durch das Hinzuschenken und durch das Aufschließen von einer ganzen Welt von Formen, die

dem einzelnen sich niemals hergeben, die der einzelne niemals hervorbringen könnte. Aber was da hervorgebracht wird, ist dann wieder so gültig wie eine Figur der Geometrie oder wie ein Gesetz, das ein Volk sich selber gibt. Es sind durchweg ganz klare, absolut unverschnörkelte Formen in der Grundkonzeption, meist um so einfacher, je größer und genialer der Bau ist. Das sind Gesetze des Lebens, die aber nicht in der Form des Gehäuses kommandiert werden, sondern Gesetze, die sich da ein Volk setzt.
Nicht freilich, um dem „Gebot der Stunde" zu gehorchen, das hat mit Architektur nichts zu tun. Das Wort „Moderne Architektur" ist ein Unsinn in sich selber. Es gibt keine moderne Architektur, weil die Architektur niemals auf den Tag oder auf das Jahr, sondern nur auf den Zeitraum rechnet.• Es ist wesensgemäß *Beifall* der Architektur eigen, daß sie nicht auf den einzelnen rechnet, und daß sie auch nicht auf die Stunde und ihr sogenanntes Gebot rechnet, daß sie in der großen Gemeinschaft der jetzt Lebenden und auch in der anderen großen Gemeinschaft, der Epoche, wurzelt. Geschichtlich ist es ja so, daß sie ihre großen Konzeptionen gleichsam der Epoche vorauswirft, daß man erst einen großen Dom baut, in dem dann die Jahrhunderte wohnen können.
So besteht also, glaube ich sagen zu können, die Leistung der Architektur darin, daß sie infolge einer Hingabe, einer vorbehaltlosen Dreingabe des einzelnen in das Gemeinsame, neue Formen schafft, aber diese Formen sind hierarchisch gestuft. Überhoben in ihre neue Form, wird diese Gemeinde wiederum fähig, überhoben in die noch größere und noch weitere Form zu werden. Man könnte das das Programm eines Städtebaus nennen. Ich kann natürlich auf diese Dinge nicht ausführlich eingehen. Es ist wesentlich der Architektur, daß sie aus der größeren Form immer wieder hinüberhebt in die noch größere, zu der sie nun wieder mehrere solcher Kleinformen zusammenfaßt, sei es nun Dorf oder Land oder Stadt oder Erdoberfläche oder wie es jeweilig heißt, immer wieder in einem neuen Vorgang des Opferns, der Dreingabe. Ja, meine Herren, es ist wohl bitter für manchen, der so gerne reist und sich dabei Kunstwerke besieht, daß er sie leider im Grunde nicht versteht. Aber es ist nun tatsächlich so: Wer einen Barockdom verstehen will, das heißt gewissermaßen geistig hervorbringen, dem helfen alle die schönen Bücher, alle die schönen Worte nichts, er muß schon einklingen in die große Preisung der Gemeinde vor dem Ewigen, damit er sich in dieses Werk einbringt und es auf diesem Weg versteht, nicht nur mit seinem klugen

81

Auge, sondern mit Leib und Seele versteht. Es hilft gar nichts, wunderschöne Häuser zu zeichnen. Es gibt so moderne Architekten, die können das besonders gut, die machen ganze Hauswände weg und setzen dann so Schaufensterscheiben ein, und das Gras wird dann ins Zimmer gezogen und solche schönen Dinge. Das ist alles schön und gut, aber mit diesen Motiven kommt man niemals zu einem Haus.• Das ist höchst bewundernswertes Kunstgewerbe hausähnlicher Art.• Es tut mir schon furchtbar leid, das sagen zu müssen, aber zu einem Haus kommt man nur, indem man heiratet und sich bedingungslos hingibt in das große Gesetz.• Das ist unter Umständen anstrengender, als solche großen Spiegelglasscheiben zu zeichnen. Aber ich glaube, anders geht die Geschichte mit dem Haus wohl nicht. Und das dürfte denn wohl die erste Stufe sein, daß man ein anständiges Haus, dann ein Dorf, dann eine Stadt hinbringt. Also nur immer wieder durch bedingungslose und vorbehaltlose Dreingabe in etwas wird einem die große architektonische Gnade zuteil, und ich glaube, da liegt nun endlich, nachdem man viele Worte verloren hat, der Hund begraben. Uns gerät die ganze Architektur nicht so richtig, weil wir das nicht gerne tun. Ja, dann kommen natürlich so witzige Leute, die fragen: Können wir Menschen von heute das noch? Ich weiß nicht, ob wir das noch können, aber der Architekt muß diese Forderung stellen. Wenn von Architektur die Rede ist und ernstlich die Rede sein soll, dann muß man diesen bitteren Weg gehen. Ich kann da nicht helfen.

Nun habe ich Ihnen zu zeigen versucht, wie der Weltbau der Baukunst vor sich geht; denn was da gemeint ist, das geht schon auf den Bau der Welt hinaus, wenn auch unter dem Aspekt des Baumeisters. Also ein System hierarchisch gestufter Formen, die immer wieder durch neue Dreingabe der Herzen bestimmter Menschen oder bestimmter Gruppen entstehen. Sie empfinden jetzt wohl, daß ein solcher Anspruch, der unabdingbar ist für den Architekten, völlig querliegt zu dem Anspruch des rechnenden Geistes, abstrakte Koordinatenwerke zu bauen. Hier stehen zwei Weltbauabsichten gegeneinander, von denen nur die eine oder die andere siegreich auf dem Felde bleiben kann, und es ist nicht gesagt, daß die Weltbauabsicht des Architekten siegreich bleibt, aber ich glaube, es wäre schlimm, wenn sie unterläge. Übrigens, so ganz weltfremd ist die Sache denn doch nicht. Im Grunde entsteht auch unser ganzes Firmament, der ganze Kosmos so, daß sich Stern um Stern strahlend ins Ganze verschwendet, so den Weltraum um sich herum ausbreitet, der ja auch nicht nach Koordinaten vorgegeben schon da ist, sondern erst durch das strahlende Verschenken der Weltkörper erblüht, die Sonnen- und Milchstraßensysteme bildet und schließlich den Kosmos aufbaut vom einzelnen Stern her. Ich glaube, wir haben schon allerhand Gründe, die uns ermutigen können.

Ich glaube, damit habe ich ungefähr angedeutet, welche Mächte damals vor fünfzig Jahren gegeneinander aufgetreten sind, welcher Titanenkampf damals begann, vielleicht besonders sichtbar in der Baukunst, aber ein Kampf, der auf sehr breiten und sehr großen Feldern geführt wird und heute noch in Gang ist. Nun könnte man vielleicht doch noch fragen: Wie steht's denn heute? Eigentlich hatte ich das nicht vor; eine kurze Betrachtung, deren Grundlage ein halbes Jahrhundert ist, soll sich nicht an Tagesfragen verschwenden. Aber es gibt da doch noch etwas, das übrig geblieben ist, nämlich es tut uns so leid, daß die Olbrich und Wagner in dem, was sie wirklich wollten, keine Nachfolger gehabt haben, und ich habe noch etwas drüber nachgedacht, ob sich vielleicht daraus nicht doch etwas lernen ließe, und da ist mir der Spruch aufgefallen, der oben auf dem Bildhauerhaus steht, der sicher auch Olbrich aus dem Herzen gesprochen war. Ich glaube, so heißt er: „Seine Welt zeige der Künstler, die niemals war noch jemals sein wird." Es war eine Gruppe, die extrem künstlerisch dachte. Ich muß sagen, daß mich jedesmal dieser Spruch faszinierte, wenn ich in den dunklen Jahren meine Wallfahrt nach Darmstadt machte, und ich machte sie oft; wenn es ganz dunkel wurde, fuhr ich hierher, um mich ein wenig zu trösten. Es hat mich merkwürdig fasziniert, diese Tapferkeit des Künstlers, zu sagen: Ich zeige meine Welt, ob die wirklich ist oder nicht – wahrscheinlich ist sie nicht wirklich –, aber es ist meine Welt und der will ich leben. Aber da dürfte doch wohl auch die Gefährdung dieses Ansatzes bestanden haben.

Um nur ein Beispiel zu nennen: Gleichzeitig kam ja die Werkkunstbewegung, und die Werkkunstleute hatten sich mit finsterem Ernst vorgenommen, die ganze sichtbare und brauchbare Welt ihrer Verkleidung zu entheben und zu ihrer eigenen Form zurückzuführen, damit endlich ein Tischaufsatz eine schlichte Halbkugel mit einem Schlitz und kein Trompeter von Säckingen wäre. In den Dienst dieser hehren Aufgabe haben sich sehr viele tüchtige Kräfte unserer Nation gestellt, und die hatten mit den Darmstädtern hier nicht so sehr viel zu tun. Einiges schon. Aber im

Grunde ging es denen nicht darum, Kunst zu machen, sondern jedem Ding zu seiner eigenen Form zu verhelfen. Sie nahmen es also mit der sogenannten wirklichen Welt sehr ernst, und sie haben auch manches fertig gebracht: Es sind einige Schnörkel an einigen elektrischen Lampen verschwunden,• aber hier waren ganz verschiedene Ansätze, auch durchaus aus dem Geistigen, und diese beiden Ansätze widersprachen sich offenbar, und der Werkbund hat sich immerhin mit seinen Ideen für die ganze Menschheit eigentlich als recht fruchtbar erwiesen. Nur hat er auch einen Fehler begangen, und das ist vielleicht, was uns die Jugendstilleute lehren könnten. Mit der Sachlichkeit ist's nämlich auch nichts Rechtes geworden, und zwar aus dem einfachen Grund, weil die Dinge in sich überhaupt keine Form haben, die zureicht, sondern daß man den Dingen ihre Form erst hinzuschenken muß. Eine Sache gelingt nie aus ihrer reinen Sachlichkeit. Das ist die Erkenntnis, die brauchten die Werkbundleute nicht zu haben, sie haben sie eben unter Bitterkeit gewonnen. Daß auch ein sachlich gemeintes Ding erst sachlich gelingt, wenn man etwas Höheres mit ihm meint, wenn man ihm etwas Formales hinzutut, was es an sich nicht hätte, wenn man eine Erklärung, ich möchte sagen, einen poetischen Beitrag hinzufügt, damit es dann, also erklärt und erhöht, friedlich in seiner bescheidenen Sachlichkeit weiterleben kann.

Lachen

Und nun kommt etwas dazu, und da reichen wir doch über fünfzig Jahre Olbrich und seinen Freunden die Hand. Es gibt auch in der Architektur unter anderem eine Sache, die Kunst heißt.• Es gibt nicht nur die Schaufensterscheiben im Laden und die Kühlerhaube am Motor, die alle natürlich ordentlich zu gestalten sind, sondern es gibt auch einen Abschnitt in der Architektur, wo die Architektur mal vorab nichts sein will als Kunst. Das ist nicht alles, was gebaut wird. Um Gottes willen, dem Bauern, dessen Schweinestall wir zumuten würden, er hätte vorab nichts anderes zu sein als Kunst, täten wir sicher bitteres Unrecht, und er würde wahrscheinlich mit landwirtschaftlichen Gegenständen lästig werden. Aber es gibt das doch auch, die Baukunst vorab als Kunst, und ich glaube, das ist doch das, was wir von dem faszinierenden Spruch an der Bildhauerakademie lernen könnten: daß der Architekt manchmal sich in den Dienst dieser Sache Kunst stellen muß, eben um der Sachlichkeit willen, und daß es Aufgaben auf dieser Erde gibt, die nichts anderes verlangen, als schön zu sein.•

Beifall

Beifall

Daß es Zeiten im Leben der Völker und des einzelnen und der

Dinge gibt, die den berechtigten, den sachlich berechtigten Anspruch haben, nichts auszudrücken als ihr eigenes Schönsein, ihr Frohsein und vielleicht auch ihre Schwermut zu Tode. Das gibt es, und dafür müssen wir uns einsetzen, und zwar im harten Gegensatz einsetzen gegen die sehr beredten Wortführer des Konstruktivismus, des Technizismus, des künstlerischen Materialismus und wie alle diese Irrlehren heißen. Es gibt das: die Architektur als Kunst, und ich beklage es bitter, daß man es nicht gelten lassen will im großen und ganzen. Und hier reichen wir der Generation, die wir in diesen Tagen feiern, die Hand.
Nun muß ich aber gleich wieder einschränken. Es gibt die Vorstellung – und sie stammt wieder mal von den Ästheten –, daß die Kunst so ungefähr das Höchste, das es gibt, wäre. Den lieben Gott hat man mehr oder weniger abgeschafft, statt dessen ist ein Neutrum Gott eingeführt worden, und der Dienst daran wird vom Künstler zelebriert. So ist die Sache durchaus nicht. Die Kunst feiert die Schönheit, die Blüte, den Sinn der Welt. In Ordnung. Aber auch nicht mehr. In der großen Weltordnung steht auch die architektonische Kunst an bescheidener Stelle und nicht hoch über der Welt der Arbeit. Es gibt viel höhere und erhabenere Weltbereiche. Ich brauche nur den der weltlichen Hoheit zu nennen – politische Hoheit ist viel, viel mehr als alle Kunst – oder den noch unvergleichlich höheren Bezirk der Anbetung, der Preisung zu nennen, wo die Architektur auch Zulaß hat, aber nun wieder als Beitrag und Dienerin, nicht mehr um ihrer selbst willen als Kunst. Hier müssen wir wahrscheinlich Olbrich und seine Freunde wieder etwas einschränken, denn wenn wir die Frage stellen: Hattet ihr denn dieses Höhere, was da sein muß, damit, von ihm beschützt, wieder Kunst als Kunst existieren kann? – dann ist die Frage doch eigentlich sehr zögernd zu beantworten. Ja, die Bauten an der Mathildenhöhe drüben, die zeigen so etwas wie eine Weltanschauung, man könnte sie vielleicht mit dem Stichwort „Versunkenheit" bezeichnen. Ich habe mal gedacht, das wäre vielleicht ein zutreffendes Wort, irgendeine Weltversunkenheit ist das, was aus den Figuren von Hoetger spricht oder aus diesem sehr packenden Brunnen, diesem großen Teich mit den schweren versunkenen dorischen Säulen darin. Alles verkündigt eine gewisse schwermütige Weltversunkenheit und meinetwegen auch Welteinigung. Ob's reicht? Ich möcht's eigentlich nicht sagen. Da ist doch wohl ein schwacher Punkt in dem ganzen Ansatz gewesen, den allerdings diese Architekten mit Mombert oder Hofmannsthal

oder George oder Rilke oder den gleichzeitigen Malern allen gemeinsam hatten. Die Zeit konnte eben nicht über ihren eigenen Schatten springen. Ja, wie steht's nun mit uns? Haben wir dieses Überschüssige, viel Höhere, was wir haben müssen, damit Architektur als Architektur, als Kunst, realisiert werden könnte? Ich habe Ihnen ja schon die These zu erläutern versucht, daß man ein Ding immer nur in sich selbst, in dem, was es eigentlich braucht, realisieren kann, indem man jeweilig Höheres hinzutut. Und genau so geht es mit der Architektur als Kunst.

Haben wir das Überschießende heute? Sie sehen, wie unser Fragen, das eigentlich ein Fragen nach architektonischen Dingen ist, diese architektonischen Dinge als Fragen transzendiert und dann in Gebiete stößt, wo der Architekt eigentlich nicht mehr antworten kann. Er weiß wohl, daß ihm sein Werk nur gelingt, wenn es durchgebaut ist wie ein barocker Dom bis in die Höhen der Ewigkeit. Das weiß er. Aber kann er das heute? Das läßt sich wohl im allgemeinen nicht sagen. Haben wir heute eine so große tragende Idee, daß in ihrem Schatten, tief unter ihr, die Baukunst leben könnte? Ja, wir haben da etwas, das sich so allgemein und so gefühlsmäßig in dem Wort Sozialismus sammelt. Vielleicht ist es das von Gott heute Gemeinte, was wir zu leisten haben. Aber gerade der Sozialismus hat sich als eminent unschöpferisch erwiesen. Es gibt kaum eine Lehre in der ganzen Weltgeschichte, die architektonisch so unproduktiv gewesen wäre wie dieser Sozialismus, wo immer er sich auch zur Macht gesetzt hat.• Ich glaube nicht, daß das gegen Sache des Sozialismus geht, sondern dagegen, daß auch diese Welt nicht durchgebaut ist und – ihre eigene Sache verkennend – sich auf die Wirtschaft sachlich beschränkte. Es möchte vielleicht sein, daß die tragende Idee, unter der unsere Baukunst als Baukunst gedeihen und leben könnte, ein Sozialismus wäre – aber ein Sozialismus, der um Gottes Willen getan wird,• der endlich das Leid und das Unrecht, das die Menschen sich selber zufügen, beseitigt, nicht aus materialistischen Gründen, sondern um endlich Gottes Willen zu erfüllen, und ihm eine in Ordnung gebrachte, ins Rechte gebrachte Welt wieder zurückgibt. Ein Sozialismus um Gottes willen, das wäre vielleicht unsere Chance. Ich weiß es nicht.•

Trampeln

Beifall

Beifall

BARTNING:
Wir gehen mit einer Aufgabe und einem weiteren Geschenk dem morgigen frühen Morgen entgegen, und ich bitte, daß wir morgen früh 9 Uhr möglichst pünktlich erscheinen, denn wie Sie eben gehört haben: die Aufgabe, die vor uns liegt, ist groß und wunderbar.

Sonntag vormittag

PROFESSOR DR. MARTIN HEIDEGGER, FREIBURG:
BAUEN WOHNEN DENKEN

Meine Damen und Herren! Im folgenden versuchen wir, über Wohnen und Bauen zu denken. Dieses Denken über das Bauen maßt sich nicht an, Baugedanken zu finden oder gar dem Bauen Regeln zu geben. Dieser Denkversuch stellt das Bauen überhaupt nicht von der Baukunst und der Technik her dar, sondern er verfolgt das Bauen in denjenigen Bereich zurück, wohin jegliches gehört, was *ist*.
Wir fragen 1. Was ist das Wohnen?
und 2. Inwiefern gehört das Bauen in das Wohnen?

I.

Zum Wohnen, so scheint es, gelangen wir erst durch das Bauen. Dieses, das Bauen, hat jenes, das Wohnen, zum Ziel. Indessen sind nicht alle Bauten auch Wohnungen. Brücke und Flughalle, Stadion und Kraftwerk sind Bauten, aber keine Wohnungen; Bahnhof und Autobahn, Staudamm und Markthalle sind Bauten, aber keine Wohnungen. Dennoch stehen die genannten Bauten im Bereich unseres Wohnens. Er reicht über diese Bauten hinweg und beschränkt sich doch wieder nicht auf die Wohnung. Der Lastzugführer ist auf der Autobahn zu Hause, aber er hat dort nicht seine Unterkunft; die Arbeiterin ist in der Spinnerei zu Hause, hat jedoch dort nicht ihre Wohnung; der leitende Ingenieur ist im Kraftwerk zu Hause, aber er wohnt nicht dort. Die genannten Bauten behausen den Menschen. Er bewohnt sie und wohnt gleichwohl nicht in ihnen, wenn Wohnen nur heißt, daß wir eine Unterkunft innehaben. Bei der heutigen Wohnungsnot bleibt freilich dies schon beruhigend und erfreulich; Wohnbauten gewähren wohl Unterkunft, die Wohnungen können heute sogar gut gegliedert, leicht zu bewirtschaften, wünschenswert billig, offen gegen Luft, Licht und Sonne sein, aber: bergen die Wohnungen schon die Gewähr in sich, daß ein *Wohnen* geschieht? Jene Bauten jedoch, die keine Wohnungen sind, bleiben ihrerseits vom Wohnen her bestimmt, insofern sie dem Wohnen der Menschen dienen. So wäre denn das Wohnen in jedem Falle der Zweck, der allem Bauen vorsteht. Wohnen und Bauen stehen zueinander in der Beziehung von Zweck und Mittel. Allein, solange wir nur dies meinen, nehmen wir Wohnen und Bauen für zwei getrennte Tätigkeiten und stellen dabei etwas Richtiges vor. Doch zugleich verstellen wir uns durch das Zweck-Mittel-Schema die wesentlichen Bezüge. Bauen nämlich ist nicht nur Mittel und Weg zum Wohnen, das Bauen ist in sich selber bereits Wohnen. Wer sagt uns dies? Wer gibt uns überhaupt ein Maß, mit dem wir das Wesen von Wohnen und Bauen durchmessen?

Der Zuspruch über das Wesen einer Sache kommt zu uns aus der Sprache, vorausgesetzt, daß wir deren eigenes Wesen achten. Inzwischen freilich rast ein zügelloses und zugleich gewandtes Reden, Schreiben und Senden von Gesprochenem um den Erdball. Der Mensch gebärdet sich, als sei *er* Bildner und Meister der Sprache, während sie doch die Herrin des Menschen bleibt. Vielleicht ist es vor allem anderen die vom Menschen betriebene Verkehrung *dieses* Herrschaftsverhältnisses, das sein Wesen in das Unheimische treibt. Daß wir auf die Sorgfalt des Sprechens halten, ist gut, aber es hilft nicht, solange uns auch dabei noch die Sprache nur als ein Mittel des Ausdrucks dient. Unter allen Zusprüchen, die wir Menschen von uns her *mit* zum Sprechen bringen können, ist die Sprache der höchste und der überall erste.

Was heißt nun Bauen? Das althochdeutsche Wort bauen, „buan", bedeutet wohnen. Dies besagt: bleiben, sich aufhalten. Die eigentliche Bedeutung des Zeitwortes bauen, nämlich wohnen, ist uns verlorengegangen. Eine verdeckte Spur hat sich noch im Wort „Nachbar" erhalten. Der Nachbar ist der „Nahgebur", der „Nahgebauer", derjenige, der in der Nähe wohnt. Die Zeitwörter buri, büren, beuren, beuron bedeuten alle das Wohnen, die Wohnstätte. Nun sagt uns freilich das alte Wort buan nicht nur, bauen sei eigentlich wohnen, sondern es gibt uns zugleich einen Wink, wie wir das von ihm genannte Wohnen denken müssen. Wir stellen uns gewöhnlich, wenn vom Wohnen die Rede ist, ein Verhalten vor, das der Mensch neben vielen anderen Verhaltensweisen auch vollzieht. Wir arbeiten hier und wohnen dort. Wir wohnen nicht bloß, das wäre beinahe Untätigkeit, wir stehen in einem Beruf, wir machen Geschäfte, wir reisen und wohnen unterwegs, bald hier, bald dort. Bauen heißt ursprünglich wohnen. Wo das Wort bauen noch ursprünglich spricht, sagt es zugleich, *wie weit* das

Wesen des Wohnens reicht. Bauen, buan, bhu, beo ist nämlich unser Wort „bin" in den Wendungen: ich bin, du bist, die Imperativform bis, sei. Was heißt dann: ich bin? Das alte Wort bauen, zu dem das „bin" gehört, antwortet „ich bin", „du bist", besagt: ich wohne, du wohnst. Die Art wie du bist und ich bin, die Weise, nach der wir Menschen auf der Erde *sind,* ist das Buan, das Wohnen. Mensch sein heißt: als Sterblicher auf der Erde sein, heißt: wohnen. Das alte Wort bauen, das sagt, der Mensch *sei,* insofern er *wohne,* dieses Wort bauen bedeutet nun aber *zugleich:* hegen und pflegen, nämlich den Acker bauen, Reben bauen. Solches Bauen hütet nur, nämlich das Wachstum, das von sich aus seine Früchte zeitigt. Bauen im Sinne von hegen und pflegen ist kein Herstellen. Schiffsbau und Tempelbau dagegen stellen in gewisser Weise ihr Werk selbst her. Das Bauen ist hier im Unterschied zum Pflegen ein Errichten. Beide Weisen des Bauens – bauen als pflegen, lateinisch colere, cultura, und bauen als errichten von Bauten, aedificare – sind in das eigentliche Bauen, das Wohnen, einbehalten. Das Bauen als Wohnen, d.h. auf der Erde sein, bleibt nun aber für die alltägliche Erfahrung des Menschen das im vorhinein, wie die Sprache so schön sagt, „Gewohnte". Darum tritt es hinter den mannigfaltigen Weisen, in denen sich das Wohnen vollzieht, hinter den Tätigkeiten des Pflegens und Errichtens, zurück. Diese Tätigkeiten nehmen in der Folge den Namen bauen und damit die Sache des Bauens für sich allein in Anspruch. Der eigentliche Sinn des Bauens, nämlich das Wohnen, gerät in die Vergessenheit.

Dieses Ereignis sieht zunächst so aus, als sei es lediglich ein Vorgang innerhalb des Bedeutungswandels bloßer Wörter. In Wahrheit verbirgt sich darin jedoch etwas Entscheidendes, nämlich: das Wohnen wird nicht als das Sein des Menschen erfahren; das Wohnen wird vollends nie als der Grundzug des Menschseins gedacht.

Daß die Sprache die eigentliche Bedeutung des Wortes bauen, das Wohnen, gleichsam zurücknimmt, bezeugt jedoch das Ursprüngliche dieser Bedeutungen; denn bei den wesentlichen Worten der Sprache fällt ihr eigentlich Gesagtes zugunsten des vordergründig Gemeinten leicht in die Vergessenheit. Das Geheimnis dieses Vorganges hat der Mensch noch kaum bedacht. Die Sprache entzieht dem Menschen ihr einfaches und hohes Sprechen. Aber dadurch verstummt ihr anfänglicher Zuspruch nicht, er schweigt

nur. Der Mensch freilich unterläßt es, auf dieses Schweigen zu achten.
Hören wir jedoch auf das, was die Sprache im Wort bauen sagt, dann vernehmen wir dreierlei:

1. Bauen ist eigentlich Wohnen.
2. Das Wohnen ist die Weise, wie die Sterblichen auf der Erde sind.
3. Das Bauen als Wohnen entfaltet sich zum Bauen, das pflegt, nämlich das Wachstum, – und zum Bauen, das Bauten errichtet.

Bedenken wir dieses Dreifache, dann vernehmen wir einen Wink und merken uns folgendes: Was das Bauen von Bauten in seinem Wesen sei, können wir nicht einmal zureichend *fragen*, geschweige denn sachgemäß entscheiden, solange wir nicht daran denken, daß jedes Bauen in sich ein Wohnen ist. Wir wohnen nicht, weil wir gebaut haben, sondern wir bauen und haben gebaut, insofern wir wohnen, d.h. *als die Wohnenden* sind. Doch worin besteht das Wesen des Wohnens? Hören wir noch einmal auf den Zuspruch der Sprache: Das altsächsische „wunon", „wunian" bedeutet ebenso wie das alte Wort bauen das Bleiben, das Sich-Aufhalten. Aber das gotische „wunian" sagt deutlicher, wie dieses Bleiben erfahren wird. Wunian heißt: zufrieden sein, zum Frieden gebracht, in ihm bleiben. Das Wort Friede meint das Freie, das Frye, und fry bedeutet: bewahrt vor Schaden und Bedrohung, bewahrt vor – ... d.h. geschont. Freien bedeutet eigentlich schonen. Das Schonen selbst besteht nicht nur darin, daß wir dem Geschonten nichts antun. Das eigentliche Schonen ist etwas *Positives* und geschieht dann, wenn wir etwas zum voraus in seinem Wesen belassen, wenn wir etwas eigens in sein Wesen zurückbergen, es entsprechend dem Wort freien: einfrieden. Wohnen, zum Frieden gebracht sein, heißt eingefriedet bleiben in das Frye, d.h. in das Freie, das jegliches in sein Wesen schont. *Der Grundzug des Wohnens ist dieses Schonen.* Er durchzieht das Wohnen in seiner ganzen Weite. Sie zeigt sich uns, sobald wir daran denken, daß im Wohnen das Menschsein beruht, und zwar im Sinne des Aufenthalts der Sterblichen auf der Erde.
Doch „auf der Erde" heißt schon „unter dem Himmel". Beides meint mit „Bleiben vor dem Göttlichen" und schließt ein „gehörend in das Miteinander der Menschen". Aus einer *ursprüng-*

lichen Einheit gehören die Vier: Erde und Himmel, die Göttlichen und die Sterblichen in eins.

Die Erde ist die dienend Tragende, die blühend Fruchtende, hingebreitet in Gestein und Gewässer, aufgehend zu Gewächs und Getier. Sagen wir Erde, dann denken wir schon die anderen Drei mit, doch wir bedenken nicht die Einfalt der Vier.

Der Himmel ist der wölbende Sonnengang, der gestaltwechselnde Mondlauf, der wandernde Glanz der Gestirne, die Zeiten des Jahres und ihre Wende, Licht und Dämmer des Tages, Dunkel und Helle der Nacht, das Wirtliche und Unwirtliche der Wetter, Wolkenzug und blauende Tiefe des Äthers. Sagen wir Himmel, dann denken wir schon die anderen Drei mit, doch wir bedenken nicht die Einfalt der Vier.

Die Göttlichen sind die winkenden Boten der Gottheit. Aus dem heiligen Walten dieser erscheint der Gott in seine Gegenwart oder er entzieht sich in seine Verhüllung. Nennen wir die Göttlichen, dann denken wir schon die anderen Drei mit, doch wir bedenken nicht die Einfalt der Vier.

Die Sterblichen sind die Menschen. Sie heißen die Sterblichen, weil sie sterben können. Sterben ist, den Tod *als* Tod vermögen. Nur der Mensch stirbt, und zwar fortwährend, solange er auf der Erde, unter dem Himmel, vor den Göttlichen bleibt. Nennen wir die Sterblichen, dann denken wir schon die anderen Drei mit, doch wir bedenken nicht die Einfalt der Vier.

Diese ihre Einfalt nennen wir *das Geviert*. Die Sterblichen *sind* im Geviert, indem sie *wohnen*. Der Grundzug des Wohnens aber ist das Schonen. Die Sterblichen wohnen in der Weise, daß sie das Geviert in sein Wesen schonen. Demgemäß ist das wohnende Schonen vierfältig.

Die Sterblichen wohnen, insofern sie die Erde retten. Das Wort in dem alten Sinne genommen, den Lessing noch kannte. Die Rettung entreißt nicht nur einer Gefahr, retten bedeutet eigentlich: etwas in sein eigenes Wesen freilassen. Die Erde retten ist mehr als sie ausnützen oder gar abmühen. Das Retten der Erde meistert die Erde nicht und macht sich die Erde nicht untertan, von wo nur ein Schritt ist zur schrankenlosen Ausbeutung. Die Sterblichen wohnen, insofern sie den Himmel als Himmel empfangen. Sie lassen der Sonne und dem Mond ihre Fahrt, den Gestirnen ihre Bahn, den Zeiten des Jahres ihren Segen und ihre Unbill, sie machen die Nacht nicht zum Tag und den Tag nicht zur gehetzten Unrast.

Die Sterblichen wohnen, insofern sie die Göttlichen als die Göttlichen erwarten. Hoffend halten sie ihnen das Unverhoffte entgegen. Sie warten der Winke ihrer Ankunft und verkennen nicht die Zeichen ihres Fehls. Sie machen sich nicht ihre Götter und betreiben nicht den Dienst an Götzen. Im Unheil noch warten sie des entzogenen Heiles.

Die Sterblichen wohnen, insofern sie ihr eigenes Wesen, daß sie nämlich den Tod als Tod vermögen, in den Brauch dieses Vermögens geleiten, damit ein guter Tod sei. Die Sterblichen in das Wesen des Todes geleiten, bedeutet keineswegs, den Tod als das leere Nichts zum Ziel setzen; es meint auch nicht, das Wohnen durch ein blindes Starren auf das Ende verdüstern.

Im Retten der Erde, im Empfangen des Himmels, im Erwarten der Göttlichen, im Geleiten der Sterblichen ereignet sich das Wohnen als das vierfältige Schonen des Gevierts. Schonen heißt, das Geviert in seinem Wesen hüten. Was in die Hut genommen wird, muß geborgen werden. Wo aber verwahrt das Wohnen, wenn es das Geviert schont, dessen Wesen? Wie vollbringen die Sterblichen das Wohnen als dieses Schonen? Die Sterblichen vermöchten dies niemals, wäre das Wohnen nur ein Aufenthalt auf der Erde, unter dem Himmel, vor den Göttlichen, mit den Sterblichen. Das Wohnen ist vielmehr immer schon ein Aufenthalt bei den Dingen. Das Wohnen als Schonen verwahrt das Geviert in dem, wobei die Sterblichen sich aufhalten: in den Dingen.

Der Aufenthalt bei den Dingen ist jedoch der genannten Vierfalt des Schonens nicht als etwas Fünftes nur angehängt, im Gegenteil: der Aufenthalt bei den Dingen ist die einzige Weise, wie sich der vierfältige Aufenthalt im Geviert jeweils einheitlich vollbringt. Das Wohnen schont das Geviert, indem es dessen Wesen in die Dinge birgt. Allein die Dinge selbst bergen das Geviert *nur dann,* wenn sie selber *als* Dinge in ihrem Wesen gelassen werden. Wie geschieht das? Dadurch, daß die Sterblichen die wachstümlichen Dinge hegen und pflegen, daß sie Dinge, die nicht wachsen, eigens errichten. Das Pflegen und das Errichten ist das Bauen im engeren Sinne. *Das Wohnen* ist, insofern es das Geviert in die Dinge verwahrt, als dieses Verwahren *ein Bauen.* Damit sind wir auf den Weg der zweiten Frage gebracht:

II.

Inwiefern gehört das Bauen in das Wohnen?
Die Antwort auf diese Frage erläutert uns, was das Bauen, aus dem Wesen des Wohnens gedacht, eigentlich ist. Wir beschränken uns auf das Bauen im Sinne des Errichtens von Dingen und fragen: Was ist ein gebautes Ding? Als Beispiel diene unserem Nachdenken eine Brücke.
Die Brücke schwingt sich „leicht und kräftig" über den Strom. Sie verbindet nicht nur schon vorhandene Ufer. Im Übergang der Brücke treten die Ufer erst als Ufer hervor. Die Brücke läßt sie eigens gegeneinander über liegen. Die andere Seite ist durch die Brücke gegen die eine abgesetzt. Die Ufer ziehen auch nicht als gleichgültige Grenzstreifen des festen Landes den Strom entlang. Die Brücke bringt mit den Ufern jeweils die eine und die andere Weite der rückwärtigen Uferlandschaft an den Strom. Sie bringt Strom und Ufer und Land in die wechselseitige Nachbarschaft. Die Brücke *versammelt* die Erde als Landschaft um den Strom. So geleitet sie ihn durch die Auen. Die Brückenpfeiler tragen, aufruhend im Strombett, den Schwung der Bogen, die den Wassern des Stromes ihre Bahn lassen. Mögen die Wasser ruhig und munter fortwandern, mögen die Fluten des Himmels beim Gewittersturm oder der Schneeschmelze in reißenden Wogen um die Pfeilerbogen schießen, die Brücke ist bereit für die Wetter des Himmels und deren wendisches Wesen. Auch dort, wo die Brücke den Strom überdeckt, hält sie sein Strömen dadurch dem Himmel zu, daß sie es für Augenblicke in das Bogentor aufnimmt und daraus wieder freigibt.
Die Brücke läßt dem Strom seine Bahn und gewährt zugleich den Sterblichen ihren Weg, daß sie von Land zu Land gehen und fahren. Brücken geleiten auf mannigfache Weise. Die Stadtbrücke führt vom Schloßbezirk zum Domplatz, die Flußbrücke vor der Landstadt bringt Wagen und Gespann zu den umliegenden Dörfern. Der unscheinbare Bachübergang der alten Steinbrücke gibt dem Erntewagen seinen Weg von der Flur in das Dorf, trägt die Holzfuhre vom Feldweg zur Landstraße. Die Autobahnbrücke ist eingespannt in das Liniennetz des rechnenden und möglichst schnellen Fernverkehrs. Immer und je anders geleitet die Brücke hin und her die zögernden und die hastigen Wege der Menschen, daß sie zu anderen Ufern und zuletzt als die Sterblichen auf die andere Seite kommen. Die Brücke überschwingt bald in hohen, bald in flachen Bogen Fluß und Schlucht; ob die Sterblichen das

Überschwingende der Brückenbahn in der Acht behalten oder vergessen, daß sie, immer schon unterwegs zur letzten Brücke, im Grunde danach trachten, ihr Gewöhnliches und Unheiles zu übersteigen, um sich vor das Heile des Göttlichen zu bringen. Die Brücke *sammelt* als der überschwingende Übergang vor die Göttlichen. Mag deren Anwesen eigens bedacht und sichtbarlich *bedankt* sein wie in der Figur des Brückenheiligen, mag es verstellt oder gar weggeschoben bleiben.

Die Brücke *versammelt* auf *ihre* Weise Erde und Himmel, die Göttlichen und die Sterblichen bei sich.

Versammlung heißt nach einem alten Wort unserer Sprache „thing". Die Brücke ist – und zwar *als* die gekennzeichnete Versammlung des Gevierts ein Ding. Man meint freilich, die Brücke sei zunächst und eigentlich bloß eine Brücke. Nachträglich und gelegentlich könne sie dann auch noch mancherlei ausdrücken. Als ein solcher Ausdruck werde sie dann zum Symbol, zum Beispiel für all das, was vorhin genannt wurde. Allein die Brücke ist, wenn sie eine echte Brücke ist, niemals zuerst bloße Brücke und hinterher ein Symbol. Die Brücke ist ebenso wenig im voraus nur ein Symbol in dem Sinn, daß sie etwas ausdrückt, was, streng genommen, nicht zu ihr gehört. Wenn wir die Brücke streng nehmen, zeigt sie sich nie als Ausdruck. Die Brücke ist ein Ding und *nur dies*. Nur? Als dieses Ding versammelt sie das Geviert. Unser Denken ist freilich von altersher gewohnt, das Wesen des Dinges zu *dürftig* anzusetzen. Dies hatte im Verlauf des abendländischen Denkens zur Folge, daß man das Ding als ein unbekanntes X vorstellt, das mit wahrnehmbaren Eigenschaften behaftet ist. Von da aus gesehen, erscheint uns freilich alles, *was schon zum versammelnden Wesen dieses Dinges gehört,* als nachträglich hineingedeutete Zutat. Indessen wäre die Brücke niemals eine bloße Brücke, wäre sie nicht ein Ding.

Die Brücke ist freilich ein Ding *eigener* Art; denn sie versammelt das Geviert in der Weise, daß sie ihm eine *Stätte* verstattet. Aber nur solches, was *selber* ein *Ort* ist, kann eine Stätte einräumen. Der Ort ist nicht schon vor der Brücke vorhanden. Zwar gibt es, bevor die Brücke steht, den Strom entlang viele Stellen, die durch etwas besetzt werden können. Eine unter ihnen ergibt sich als ein Ort, und zwar *durch die Brücke.* So kommt denn die Brücke nicht erst an einen Ort hin zu stehen, sondern von der Brücke selbst her entsteht erst ein Ort. Sie ist ein Ding, versammelt das Geviert, versammelt jedoch in der Weise, daß sie dem Geviert

eine Stätte verstattet. Aus dieser Stätte bestimmen sich Plätze und Wege, durch die ein Raum eingeräumt wird.
Dinge, die in solcher Art Orte sind, verstatten jeweils erst Räume. Was dieses Wort „Raum" nennt, sagt seine alte Bedeutung. Raum, Rum heißt freigemachter Platz für Siedlung und Lager. Ein Raum ist etwas Eingeräumtes, Freigegebenes, nämlich in eine Grenze, griechisch περας. Die Grenze ist nicht das, wobei etwas aufhört, sondern, wie die Griechen es erkannten, die Grenze ist jenes, von woher etwas *sein Wesen beginnt*. Darum ist der Begriff: ορισυος eine Grenze. Raum ist wesenhaft das Eingeräumte, in seine Grenze Eingelassene. Das Eingeräumte wird jeweils gestattet und so gefügt, d.h. versammelt durch einen Ort, d.h. durch ein Ding von der Art der Brücke. *Demnach empfangen die Räume ihr Wesen aus Orten und nicht aus „dem" Raum.*
Dinge, die als Orte eine Stätte verstatten, nennen wir jetzt vorgreifend Bauten. Sie heißen so, weil sie durch das errichtende Bauen hervorgebracht sind. Welcher Art jedoch dieses Hervorbringen, nämlich das Bauen, sein muß, erfahren wir erst, wenn wir zuvor das Wesen jener Dinge bedacht haben, die von sich her zu ihrer Herstellung das Bauen als Hervorbringen verlangen. Diese Dinge sind Orte, die dem Geviert eine Stätte verstatten, welche Stätte jeweils einen Raum einräumt. Im Wesen dieser Dinge als Orte liegt der Bezug von Ort und Raum, liegt aber auch die Beziehung des Ortes zum Menschen, der sich bei ihm aufhält. Darum versuchen wir jetzt, das Wesen dieser Dinge, die wir Bauten nennen, dadurch zu verdeutlichen, daß wir folgendes kurz bedenken.
Einmal: in welcher Beziehung stehen Ort und Raum? und zum anderen: welches ist das Verhältnis von Mensch und Raum?
Die Brücke ist ein Ort. Als solches Ding verstattet sie einen Raum, in den Erde und Himmel, die Göttlichen und die Sterblichen eingelassen sind. Der von der Brücke verstattete Raum enthält mancherlei Plätze in verschiedener Nähe und Ferne zur Brücke. Diese Plätze lassen sich nun aber als bloße Stellen ansetzen, zwischen denen ein durchmeßbarer Abstand besteht; ein Abstand, griechisch ein „Stadion", ist immer eingeräumt, und zwar durch bloße Stellen. Das so von den Stellen Eingeräumte ist ein Raum eigener Art. Er ist als Abstand, als Stadion, das, was uns dasselbe Wort Stadion lateinisch sagt, ein „spatium", ein Zwischenraum. So können Nähe und Ferne zwischen Menschen und Dingen zu bloßen Entfernungen, zu Abständen des Zwischenraums

werden. In einem Raum, der lediglich als spatium vorgestellt ist, erscheint jetzt die Brücke als ein bloßes Etwas an einer Stelle. Welche Stelle jederzeit von irgendetwas anderem besetzt oder durch eine bloße Markierung ersetzt werden kann. Nicht genug, aus dem Raum als Zwischenraum lassen sich die bloßen Ausspannungen nach Höhe, Breite und Tiefe herausheben. Dieses so Abgezogene, lateinisch „Abstracte" stellen wir als die reine Mannigfaltigkeit der drei Dimensionen vor. Was jedoch diese Mannigfaltigkeit einräumt, wird auch nicht mehr durch Abstände bestimmt, ist kein spatium mehr, sondern nur noch extensio – Ausdehnung. Der Raum als extensio läßt sich aber noch einmal abziehen, nämlich auf analytisch-algebraische Relationen. Was diese einräumen, ist die Möglichkeit der rein mathematischen Konstruktion von Mannigfaltigkeiten mit beliebig vielen Dimensionen. Man kann dieses mathematisch Eingeräumte „den" Raum nennen. Aber „der" Raum in diesem Sinne enthält keine Räume und Plätze. Wir finden in ihm niemals Orte, d.h. Dinge von der Art der Brücke. Wohl dagegen liegt umgekehrt in den Räumen, die durch Orte eingeräumt sind, jederzeit der Raum als Zwischenraum und in diesem wieder der Raum als reine Ausdehnung. Spatium und extensio geben jederzeit die Möglichkeit, die Dinge und das, was sie einräumen, nach Abständen, nach Strecken, nach Richtungen zu durchmessen und diese Maße zu berechnen. In keinem Falle sind jedoch die Maß-Zahlen und ihre Dimensionen nur deshalb, weil sie auf alles Ausgedehnte *allgemein* anwendbar sind, auch schon der *Grund* für das Wesen der Räume und Orte, die mit Hilfe des Mathematischen durchmeßbar sind. Inwiefern unterdessen auch die moderne Physik durch die Sache selbst gezwungen wurde, das räumliche Medium des kosmischen Raumes als Feldeinheit vorzustellen, die durch den Körper als dynamisches Zentrum bestimmt wird, hätte uns gestern Karl Friedrich von Weizsäcker mit seiner glänzenden Darstellungsgabe deutlich machen können.
Die Räume, die wir alltäglich durchgehen, sind von Orten eingeräumt, deren Wesen gründet in Dingen von der Art der Bauten. Achten wir auf diese Beziehungen zwischen Ort und Räumen, zwischen Räumen und Raum, dann gewinnen wir einen Anhalt, um das Verhältnis von Mensch und Raum zu bedenken.
Ist die Rede von Mensch und Raum, dann hört sich dies an, als stünde der Mensch auf der einen und der Raum auf der anderen Seite. Doch der Raum ist kein Gegenüber für den Menschen.

Er ist weder ein äußerer Gegenstand noch ein inneres Erlebnis. Es gibt nicht die Menschen und außerdem *Raum;* denn sage ich ein Mensch und denke ich mit diesem Wort denjenigen, der menschlicher Weise ist, das heißt wohnt, dann nenne ich mit dem Namen „ein Mensch" bereits den Aufenthalt im Geviert bei den Dingen. Auch dann, wenn wir uns zu Dingen verhalten, die nicht in der greifbaren Nähe sind, halten wir uns bei den Dingen selbst auf. Wir stellen die fernen Dinge nicht bloß – wie man lehrt – innerlich vor, so daß als Ersatz für die fernen Dinge in unserem Innern und im Kopf bloß Vorstellungen von ihnen ablaufen. Wenn wir jetzt – wir alle – von hier aus an die Alte Brücke in Heidelberg denken, dann ist das Hindenken zu jenem Ort kein bloßes Erlebnis in den hier anwesenden Personen, vielmehr gehört es zum Wesen unseres Denkens *an* die genannte Brücke, daß dieses Denken *in sich* die Ferne zu diesem Ort *durchsteht.* Wir sind von hier aus bei der Brücke dort und nicht etwa bei einem Vorstellungsinhalt in unserem Bewußtsein. Wir können sogar von hier aus jener Brücke und dem, was sie einräumt, weit näher sein als jemand, der sie alltäglich als gleichgültigen Flußübergang benützt. Räume und mit ihnen „der" Raum sind in den Aufenthalt der Sterblichen stets schon eingeräumt. Räume öffnen sich dadurch, daß sie in das Wohnen des Menschen eingelassen sind. Die Sterblichen *sind,* das sagt: *wohnend* durchstehen sie Räume auf Grund ihres Aufenthaltes bei Dingen und Orten. Und nur weil die Sterblichen ihrem Wesen gemäß Räume durchstehen, können sie Räume durchgehen. Doch beim Gehen geben wir jenes Stehen nicht auf. Vielmehr gehen wir stets so durch Räume, daß wir sie dabei schon ausstehen, indem wir uns ständig bei nahen und fernen Orten und Dingen aufhalten. Wenn ich zum Ausgang des Saales gehe, bin ich schon dort und könnte gar nicht hingehen, wenn ich nicht so wäre, daß ich dort bin. Ich bin niemals nur hier als dieser abgekapselte Leib, sondern ich bin dort, d.h. den Raum schon durchstehend, und nur so kann ich ihn durchgehen.

Selbst dann, wenn die Sterblichen „in sich gehen", verlassen sie die Zugehörigkeit zum Geviert nicht. Wenn wir uns – wie man sagt – auf uns selbst besinnen, kommen wir im Rückgang auf uns von den Dingen her, *ohne* den Aufenthalt bei den Dingen je *preiszugeben.* Sogar der Bezugsverlust zu den Dingen, der in depressiven Zuständen eintritt, wäre gar nicht möglich, wenn nicht auch dieser Zustand das bliebe, was er als ein menschlicher ist, nämlich ein Aufenthalt *bei* den Dingen. Nur wenn dieser Aufenthalt das Menschsein schon bestimmt, können uns die Dinge, bei denen wir sind, auch *nicht* ansprechen, uns auch *nichts* mehr angehen.

Der Bezug des Menschen zu Orten und durch Orte zu Räumen beruht im Wohnen. Das Verhältnis von Mensch und Raum ist nichts anderes als das wesentlich gedachte Wohnen.

Wenn wir auf die versuchte Weise der Beziehung zwischen Ort und Raum, aber auch dem Verhältnis von Mensch und Raum nachdenken, fällt ein Licht auf das Wesen der Dinge, die Orte sind und die wir Bauten nennen.

Die Brücke ist ein Ding solcher Art. Der Ort läßt die Einfalt von Erde und Himmel, die Göttlichen und die Sterblichen in eine Stätte ein, indem er die Stätte in Räume einrichtet. Der Ort räumt das Geviert in einem zwiefachen Sinne ein. Der Ort *läßt* das Geviert *zu* und der Ort *richtet* das Geviert *ein*. Beide, nämlich Einräumen als Zulassen und Einräumen als Einrichten, gehören zusammen. Als das zwiefache Einräumen ist der Ort ein Hut des Gevierts oder wie dasselbe Wort sagt: ein Huis, ein Haus. Dinge von der Art solcher Orte behausen den Aufenthalt der Menschen. Dinge dieser Art sind Behausungen, aber nicht notwendig Wohnungen im engeren Sinne.

Das Hervorbringen solcher Dinge ist das Bauen. Sein Wesen beruht darin, daß es der Art dieser Dinge entspricht. Sie sind Orte, die Räume verstatten. Deshalb ist das Bauen, weil es Orte errichtet, ein Stiften und Fügen von Räumen. Weil das Bauen Orte hervorbringt, kommt mit der Fügung ihrer Räume notwendig auch der Raum als spatium und als extensio in das dinghafte Gefüge der Bauten. Allein das Bauen gestaltet niemals „den" Raum. Weder unmittelbar noch mittelbar. Gleichwohl ist das Bauen, weil es Dinge als Orte hervorbringt, dem Wesen der Räume und der Wesensherkunft „des" Raumes näher als alle Geometrie und Mathematik. Das Bauen errichtet Orte, die dem Geviert eine Stätte einräumen. Aus der Einfalt, in der Erde und Himmel, die Göttlichen und die Sterblichen zueinander gehören, *empfängt* das Bauen die *Weisung* für sein Errichten von Orten. Aus dem Geviert *übernimmt* das Bauen die Maße für alles Durchmessen und jedes Ausmessen der Räume, die jeweils durch die gestifteten Orte eingeräumt sind. Die Bauten verwahren das Geviert. Sie sind Dinge, die auf ihre Weise das Geviert schonen. Das Geviert zu schonen, die Erde zu retten, den Himmel zu empfangen, die Göttlichen zu erwarten, die Sterblichen zu geleiten, dieses vierfältige Schonen ist das einfache Wesen des Wohnens. So prägen denn die echten Bauten das Wohnen in sein Wesen und behausen dieses Wesen.

Das gekennzeichnete Bauen ist ein ausgezeichnetes Wohnenlassen. *Ist* es dieses in der Tat, dann *hat* das Bauen schon dem Zuspruch des Gevierts entsprochen. Auf dieses Entsprechen bleibt alles Planen gegründet, das seinerseits den Entwürfen für die Risse die gemäßen Bezirke öffnet.

Sobald wir versuchen, das Wesen des errichtenden Bauens aus dem Wohnenlassen zu denken, erfahren wir deutlicher, worin jenes Hervorbringen beruht, als welches das Bauen sich vollzieht. Gewöhnlich nehmen wir das Hervorbringen als eine Tätigkeit, deren Leistungen ein Ergebnis, den fertigen Bau, zur Folge haben. Man kann das Hervorbringen so vorstellen: Man faßt etwas Richtiges und trifft doch nie sein Wesen, das ein Herbringen ist, das vorbringt. Das Bauen bringt nämlich das Geviert *her* in ein Ding, die Brücke, und bringt das Ding als einen Ort *vor* in das schon Anwesende, das jetzt erst *durch* diesen Ort eingeräumt ist.

Hervorbringen heißt griechisch ticto. Zur Wurzel dieses Zeitwortes tec gehört das Wort Techne, Technik. Dies bedeutet für die Griechen weder Kunst noch Handwerk, sondern: etwas als dieses oder jenes so oder anders in das Anwesende erscheinen lassen. Die Griechen denken die Techne, das Hervorbringen, vom Erscheinenlassen her. Die so zu denkende Techne verbirgt sich von altersher im Tektonischen der Architektur. Sie verbirgt sich neuerdings noch und entschiedener im Technischen der Kraftmaschinentechnik. Aber das Wesen des bauenden Hervorbringens läßt sich weder aus der Baukunst noch aus dem Ingenieurbau, noch aus einer bloßen Verkoppelung beider zureichend denken. Das bauende Hervorbringen wäre *auch dann nicht* angemessen bestimmt, wollten wir es im Sinne der ursprünglich griechischen Techne *nur* als Erscheinenlassen denken, das ein Hervorgebrachtes als ein Anwesendes in dem schon Anwesenden anbringt.

Das Wesen des Bauens ist das Wohnenlassen. Der Wesensvollzug des Bauens ist das Errichten von Orten durch das Fügen ihrer Räume. *Nur wenn wir das Wohnen vermögen, können wir bauen.* Denken wir für eine Weile an einen Schwarzwaldhof, den vor zwei Jahrhunderten noch bäuerliches Wohnen baute. Hier hat die Inständigkeit des Vermögens, Erde und Himmel, die Göttlichen und die Sterblichen, einfältig in die Dinge einzulassen, das Haus gerichtet. Es hat den Hof an die windgeschützte Berglehne gegen Mittag zwischen die Matten in die Nähe der Quelle gestellt. Es hat ihm das weit ausladende Schindeldach gegeben, das in geeigneter Schräge die Schneelasten trägt und tief herabreichend die Stuben gegen die Stürme der langen Winternächte schützt. Es hat den Herrgottswinkel hinter dem gemeinsamen Tisch nicht vergessen, es hat die geheiligten Plätze für Kindbett und Totenbaum, so heißt dort der Sarg, in die Stuben eingeräumt und so den verschiedenen Lebensaltern unter einem Dach das Gepräge ihres Ganges durch die Zeit vorgezeichnet. Ein Handwerk, das selber dem Wohnen entsprungen, seine Geräte und Gerüste noch als Dinge braucht, hat den Hof gebaut. Nur wenn wir das Wohnen vermögen, können wir bauen. Der Hinweis auf den Schwarzwaldhof meint keineswegs, wir sollten und könnten zum Bauen dieser Höfe zurückkehren, sondern er veranschaulicht an einem *gewesenen* Wohnen, wie *es* zu Bauen vermochte.

Das Wohnen aber ist *der Grundzug* des Seins, demgemäß die Sterblichen sind. Vielleicht kommt durch diesen Versuch, dem Wohnen und Bauen nachzudenken, um einiges deutlicher ans Licht, daß das Bauen in das Wohnen gehört und wie es von ihm sein Wesen empfängt. Genug wäre gewonnen, wenn Wohnen und Bauen in das *Fragwürdige* gelangten und so etwas *Denkwürdiges* blieben.

Daß jedoch das Denken selbst in demselben Sinn wie das Bauen, nur auf eine andere Weise in das Wohnen gehört, mag der hier versuchte Denkweg bezeugen.

Bauen und Denken sind jeweils nach ihrer Art für das Wohnen unumgänglich. Beide sind aber auch unzulänglich für das Wohnen, solange sie abgesondert das ihre betreiben, statt aufeinander zu hören. Dies vermögen sie, wenn beide, Bauen und Denken, dem Wohnen gehören, in ihren Grenzen bleiben und wissen, daß eines wie das andere aus der Werkstatt einer langen Erfahrung und unablässigen Übung kommt.

Der Vortrag ist ein Versuch, dem Wesen des Wohnens nachzudenken. Der nächste Schritt auf diesem Wege wäre die Frage: Wie steht es mit dem Wohnen in unserer bedenklichen Zeit? Man spricht allenthalben und mit Grund von der Wohnungsnot. Man redet nicht nur, man legt Hand an. Man versucht, die Not durch Beschaffung von Wohnungen, durch die Förderung des Wohnungsbaues, durch Planung des ganzen Bauwesens zu beheben. So hart und bitter, so hemmend und bedrohlich der Mangel an

Wohnungen bleibt, die *eigentliche Not des Wohnens* besteht nicht erst im Fehlen von Wohnungen. Die eigentliche Wohnungsnot ist auch älter als die Weltkriege und die Zerstörungen, älter auch denn das Ansteigen der Bevölkerungszahl auf der Erde und die Lage des Industrie-Arbeiters. Die eigentliche Not des Wohnens beruht darin, daß die Sterblichen das Wesen des Wohnens immer wieder suchen, daß sie *das Wohnen erst lernen müssen*. Wie, wenn die Heimatlosigkeit des Menschen darin bestünde, daß der Mensch die *eigentliche* Wohnungsnot noch gar nicht *als die* Not bedenkt? Sobald der Mensch jedoch die Heimatlosigkeit *bedenkt,* ist sie bereits kein Elend mehr. Sie ist, recht bedacht und gut behalten, der einzige Zuspruch, der die Sterblichen in das Wohnen *ruft.*
Wie anders aber können die Sterblichen diesem Zuspruch entsprechen als dadurch, daß sie an *ihrem* Teil versuchen, von sich her das Wohnen in das Volle seines Wesens zu bringen? Sie vollbringen dies, wenn sie aus dem Wohnen bauen und für das Wohnen denken.●

Beifall

BARTNING:
Meine Damen und Herren! Wir könnten wohl fünf Tage brauchen, um diesen Vortrag zu bedenken. Wir können uns aber nur fünf Minuten Pause gönnen, um dann unser Gespräch zu beginnen. Ich bitte also, daß wir die Zeit einhalten, denn der Vormittag ist kurz.
Wir sind durch die Vorträge des gestrigen Nachmittags und des heutigen Morgens in eine weite und große Landschaft versetzt, und es ist meine Aufgabe, eine Brücke zu schlagen, und zwar ganz im Sinne Martin Heideggers, eine Brücke als Versammlung dieser Landschaft, eine Brücke als den Ort, an dem wir uns zu unserem Gespräch sammeln können. Erlauben Sie mir dafür, obwohl ich als Leiter eigentlich den Mund zu halten habe, dennoch zwei Minuten.
Bauen ist eine Grundtätigkeit des Menschen. Der Weg des Menschen auf der Erde führt vom Greifen zum Begreifen. Ein weitgespannter Weg hin und her, eine ewige polare Spannung. Der Gestaltschaffende, der Künstler, ganz insbesondere der Baumeister, geht immer wieder diesen Weg zwischen Greifen und Begreifen. Der Baumeister lebt und leidet und schafft aus eben dieser Spannung zwischen Zugriff und Begriff. Bauen, Grundtätigkeit des Menschen auf der Erde. Es gehört zum Wesen des Baumeisters, daß er die Erde, diese seine geliebte Erde aufwühlt, Fundamente

versetzt und bettet und aus den Stoffen der Erde Bauten errichtet mit greifenden Händen, die aus dem Unbewußten begabt und getrieben sind, und mit scharfen Kalkulationen, Gedanken und Begriffen.

Die drei Vorträge des gestrigen Nachmittags und des heutigen Morgens, so grundverschieden nach Persönlichkeit und Standort der Vortragenden, haben doch alle drei unser Thema umkreist, umtastet, umgriffen. Wir haben, wenn ich mit aller Scheu nur andeute, wir haben gehört vom ewigen Anliegen der Baukunst und daß sie die Hingabe, die Dreingabe in der Gemeinschaft vor Gott erfordert und bedeutet. Wir haben gehört, daß Bauen als Urwort Wohnen bedeutet und daß der Mensch nicht baut, um zu wohnen, sondern daß sein Wohnen, sein Sein auf der Erde ihm das Bauen aufgibt und daß dieses sein Bauen den Ort und der Ort den Raum schaffen, seinen Lebensraum, und wir haben gehört und gesehen, wie der klassische Mensch und wie der gotische Mensch sich zu diesem Bauen, Wohnen auf der Erde und in der Landschaft verhält, und sind damit an die Schwelle unserer brennenden Frage gerückt, der Frage: *Was* und vor allem *wie* ist unsere Aufgabe heute, unsere Aufgabe der Baumeister für unsere Brüder? Zu dieser brennenden Frage treten nun deshalb hier die Baumeister und die das Bauen Meinenden und Wollenden in ihr Gespräch vor Ihren Augen ein. Ich stelle uns und die Anwesenden Ihnen vor, indem wir unsere Namen vor uns stellen, und ich bitte die anderen Herren, das auch zu tun. Es ist auch eine Heideggersche Wendung, wenn ich das so ausdrücke.• *Heiterkeit*

Wir haben heute vormittag die Absicht, zu dem in der Einladung genannten Thema zu sprechen: Die architektonische Bewältigung unseres Lebensraumes, d.h. die greifende und die begreifende, die fühlende, wollende und schaffende Bewältigung des Lebensraumes, und wir werden heute nachmittag uns der anderen Frage hingeben, nämlich dem Anteil der Baukunst an der Überwindung der Heimatlosigkeit, und zwar auch der leiblichen und der geistigen Heimatlosigkeit. Wir treten in unser Werkgespräch ein.

Die, die sprechen, bleiben sitzen, damit wir eben in die Mikrofone sprechen können. Es wird sich vielleicht ergeben, daß die Betreffenden sogar zeitweise hier diesen oder einen der fixierten Plätze einnehmen, damit auch der Rundfunk, der die Sache vom Anfang bis zum Ende heute überträgt, getroffen wird von dem Wort. Ich gebe nun als erstem dem Baumeister Hans Schwippert das Wort, damit er uns zu dieser Frage auf die Erde und zwischen die Dinge stelle.

PROFESSOR DR.-ING. HANS SCHWIPPERT, DÜSSELDORF:
Meine Damen und Herren! Ich bin in diesem Gespräch nicht Vortragender, sondern Helfer, Freund Bartnings, und habe die Aufgabe, das Gespräch hinzuführen auf ganz bestimmte konkrete Fragen, die es uns erlauben, die Vielgestalt der Meinungen vor uns auszubreiten. Wohnen ist vor dem Bauen, haben wir gehört. So wird das Wohnen das Bauen bestimmen. So wird Bauen ganz geformt sein aus dem, was Wohnen eigentlich will, aus dem, was Wohnen meint. Innerhalb des großen Grundanliegens des Behaustseins auf der Erde färbt und bildet sich Wohnen in Varianten, im Spiegel der Zeiten und ihrer Abläufe. So sind es mit diesen Abläufen immer ein wenig wechselnde Gebote, die dem Bauen gesetzt sind. Ich denke an das, was Schwarz gestern sagte: Es kann sein, daß dieses Gebot des Bauens, das wir als Baumeister verspüren, nicht das bestellte, kommandierte, bezahlte und abgerechnete Bauen des Augenblicks meint, es kann sein, daß dieses Gebot des Bauens, das aus unserer Weise des Wohnens zutiefst bestimmt ist, im Grunde anders ausschaut als die täglichen Forderungen, die an uns herankommen. Es kann sein, daß dieses innere Gebot quer liegt zu den Forderungen des Tages.
Wie sieht das Gebot des Bauens aus für uns heute? Wie sieht dieses Wohnen aus, das uns also bauen macht? Es scheint mir hier etwas sehr Merkwürdiges vorzuliegen. In einer Zeit, die durch Unruhe, durch Angst, durch Bedrohnis ausgezeichnet ist, zeichnet sich rund um die Welt bei den Baumeistern, wie mir scheint als ein hohes Gebot des Bauens, etwas ab, was gar nichts mit der Enge, mit der Qual, mit der Unruhe, mit der Furcht dieser Tage zu tun hat. Ist es nicht sehr merkwürdig, daß wir in Jahren, in denen die Zerstörung über uns kam, in Jahren, in denen wir nicht wissen, welche Zerstörungen vor uns sind, rund um die Welt ein Gebot des Bauens verspüren, das alles andere ist als Fluchtburg? Ist es nicht merkwürdig, daß, statt Fluchtburgen zu bauen, rund um die Welt die guten Baumeister Zelte bauen, leichte offene Dinge, und liegt nicht diese Weise, einem inneren Gebote zu folgen, auf eine merkwürdige Art quer zu dem, was eigentlich aus naheliegendem Menschenverstand von uns verlangt wird? Liegt hier nicht einer der merkwürdigsten und wesentlichsten Fälle vor, wo inneres Gebot, aus dem großen Gefühl des Wohnens bestimmt,

zu ganz anderen Formen kommt, als die offensichtliche sogenannte klare Vernunft des Tages sie von uns zu fordern scheint? Ich glaube richtig zu sehen, wenn ich sage, wir alle, obwohl wir wesentliche Gründe hätten, etwas anderes zu wollen, haben Sehnsucht nach dem leichten Gehäuse, nach der Helle, nach der Offenheit, nach einem Dach zwar, aber nicht nach der Fluchtburg und nach dem Bunker.

Wenn aus dem Gefühl des Wohnens Bauen sich bildet, und wenn aus dem Bauen Ort sich bildet, und aus dem Ort Raum wird – um Heidegger zu folgen – so ist uns das Merkwürdige geschehen, daß unsere Räume Offenheit haben wollen, Leichtigkeit, nicht die strengen und harten Grenzen dunkler Höhlen. Es ist so, als ob wir auf eine andere und sehr echte Weise begriffen hätten, daß wir „auf dem Wege" sind, um nicht zu sagen „auf Fahrt". So bestimmt sich Räumliches, wie es unserem Wohnen entspricht, als ein Helles, als ein Bewegliches; als eine leichte und offene Folge von Räumen, und das ist etwas, was hartnäckig sich durchsetzt seit Jahr und Tag in diesen Zeiten, die eigentlich etwas anderes zu meinen scheinen.

Nun zu meiner Aufgabe in diesem Augenblick. Ist dem so, ist das Räumliche. das unsere Art von Wohnen auf der Erde heute will, ist dieses Räumliche so geartet, so haben wir zu bedenken, mit welchen Mitteln wir es herstellen. Es ist kein Zweifel, daß bestimmte heutige Mittel des Technischen, bestimmte uns zugekommene Mittel der jungen Zeiten dieser Art von Raumgefühl und Wohnenwollen besonders adaequat sind. Sehr leicht wird es uns, Zelte zu machen dadurch, daß wir Stahl haben und Glas und einige andere jener Dinge, die neu sind. Und es fallen die Leichtigkeit unseres Wohnenwollens in Zelten und die Möglichkeiten unserer heutigen Mittel zusammen. Und fallen sie zusammen, so glaube ich, kommt eine gerundete und eine ganze und eine wahre und besonders treue Verwirklichung dessen zustande, was gebautes Wohnen heute sein will. Ist aber Wohnen vor dem Bauen, so ist folgendes zu fragen: Ist die Übereinstimmung zwischen der Helligkeit und Leichtigkeit unseres räumlichen Wollens einerseits und den Mitteln, den technischen Mitteln unseres heutigen Bauens andererseits, ist diese Übereinstimmung dieser beiden Dinge die einzige Möglichkeit, die uns gegeben ist, nach innerem Gebot konkret zu bauen?

Um die Diskussion anzuregen, nenne ich zwei Fälle, und zwar jene weiteren Fälle, in denen sich dieses Wohnenwollen, diese

Art von Räumlichkeit nach dem inneren Wohngebot *nicht* deckt mit den Stoffen, aus denen gebaut wird. Daß unsere Art des räumlichen Gefühles zur Deckung gebracht ist mit den heutigen baulichen Mitteln, ist tatsächlich nur *eine* Möglichkeit. Eine weitere, eine zweite könnte durch ganz bestimmte Situationen unter Umständen morgen vor uns stehen. Wenn wir nun nicht Stahl und Glas – um nur bei den beiden zu bleiben – hätten, oder nur Teile davon oder manches uns entfiele für immer oder für eine Zeit oder vielleicht manches nicht gewollt oder erlaubt ist aus irgend einem Grunde, ist damit räumliches Bauen im Sinne des von uns gewollten und gemußten Wohnens zu Ende? Mit anderen Worten: ist jenes räumliche Wesen, das unserem Wohnen auf der Erde heute besonders entspricht, gebunden an jene Stoffe von heute, oder ist dieses Wohnenwollen so stark, daß es zu formen vermag auch alle einfachen Stoffe, auch alle älteren Methoden, auch alle alten Weisen des Bauens, daß es sie zu durchdringen vermag? Kann also unser räumliches Bilden auch geschehen und echt geschehen und in der Zeit recht geschehen und wesentlich geschehen, wenn wir die besonderen technischen heutigen Mittel nicht haben oder nehmen? Die dritte Möglichkeit aber wäre die umgekehrte. Ist es nicht denkbar, daß jemand jene Mittel von heute, jenen Beton, jenen Stahl, jenes Glas mißbrauchte, um falsche Räume, nicht uns entsprechende Räume zu machen? Ist es nicht möglich, daß jemand glaubt, indem er nur die *Mittel* ergreife, könne er jenes Wohnen von selbst verwirklichen, dessen wir bedürfen?
Und so stehen diese *drei* Möglichkeiten vor uns. Es decken sich – das ist die erste – Stoff und räumliches Wollen; die zweite, das räumliche Wollen, ist recht, hat aber nicht den Stoff, der ihm wesentlich kongruent wäre. Die dritte, das Material, ist gefügig und heutig, aber es dient nicht dem räumlichen Willen, der ihm und der Zeit zukommt.
Das sind die drei Fälle, die ich Ihnen vorstelle, um die Aussprache einzuleiten.

BARTNING:
Wir danken Ihnen, lieber Schwippert. Sie haben uns damit wirklich mitten ins Werkgespräch hineingestellt, und so möchte ich einen Baumeister, Herrn Sep Ruf, bitten, daß er nun zu diesen drei Fragen, so, wie es ihm liegt und wie er mag, Stellung nimmt.

Aber Sie müssen auch an die Technik heran. Kommen Sie hier an meinen Platz.

PROFESSOR SEP RUF, MÜNCHEN:
Ich möchte die gestellten Fragen durch eine notwendige Empfindung ausweiten und nur zum Teil beantworten, zunächst, um nicht über Konstruktionen und deren Anwendung sprechen zu müssen. Ich glaube, der Architekt, der ganz der Aufgabe unserer Zeit gerecht werden will, muß wieder Künstler sein. Seine Gestaltung muß in die Sphäre des rein Künstlerischen vorstoßen, muß über das heute schon erreichte Funktionelle hinausgehen, muß einen von Geist und heutigem Lebensgefühl durchdrungenen Aufenthalt schaffen, selbstverständlich aufgebaut auf einwandfreie, klare Konstruktion, Echtheit des Materials, Schaffung klarer organischer Raumformen und -folgen. Ich glaube, wir könnten es auch, da wir die Gestaltungsmittel, die Konstruktionsmöglichkeiten, wie Stahl-, Eisenbeton-, auch Holz-Skelett, weitgehend schon so umfassend in ihrem Wesen erkannt haben und bereits ebenso wirtschaftlich und erfahren wie die früheren Baumittel verwenden können. Wir müssen mit diesen Bauelementen zu einer solchen Freiheit des Gestaltens zu gelangen versuchen,• um auf den gleichen gestalterischen Ebenen uns bewegen zu können, wie andere schöpferische Menschen das Wort, die Farbe und den Ton zum künstlerischen Ausdruck ihrer geistigen Welt benützen. in der Architektur ist dies das Erkennen ihrer wesentlichen Gestaltungselemente: das reine Maß, die Waagrechte, die Senkrechte, also die Decke und die Säule oder die Wand, die raumumspannende Öffnung. Man muß die Architektur wieder wie die anderen künstlerischen Tätigkeiten, wie Malerei, Bildhauerei und Musik, als reine Kunstbetätigung sehen und durchzuführen suchen und nicht fälschlicherweise nur als angewandte, die meistens nur ins Dekorative abgleitet, betrachten. Wenn man all die vielen technischen und wirtschaftlichen Probleme und Notwendigkeiten, die zur Vollendung eines Bauwerkes erforderlich sind, sieht, dann könnte man wohl verstehen, daß man Architektur immer an diese Zweckhaftigkeit gebunden empfindet und sich deshalb mit dem Erreichen von organischen und funktionellen Lösungen glaubt begnügen zu müssen. Ich möchte aber sagen, daß eigentlich hier erst das eigene Gestalten angeht, daß man all diese Dinge und Notwendigkeiten, die technisch zweckgegeben sind, einwandfrei lösen muß, aber

darüber hinaus das Gestaltete, den Ausdruck einer geistigen Aussage zu erreichen versuchen muß.

BARTNING:
Zur Frage, ob das Zusammentreffen von Bau, Raum, Wollen und technischen Mitteln oder ob dasselbe Raumwollen sich ohne diese technischen Mittel verwirklicht hätte, und drittens: Was ist los, wenn ein falsches Raumwollen sich dieser technischen Mittel bedient? – zu der Frage wollen wir sprechen.• *Beifall*

RUF:
Ich wollte eigentlich sagen und es weiter andeuten, daß, wenn die Raumform und das heute Notwendige in mir klar sind: das offene, naturverbindende Bauen, so kann ich dies auch mit Mitteln, mit denen bisher alte Formen geschaffen wurden, mit den alten Bauelementen, wie dem Holz, dem Stein, auch ausdrücken.• *Beifall* Es ist, glaube ich, das Entscheidende daran, daß wir die Atmosphäre, die geistige Atmosphäre zu gestalten wissen, und dann finden wir auch die Form. Denn die Architektur hat doch ein – bestimmtes Raumgefühl zu erzeugen, und ich werde immer, wenn ich fähig bin, Formen künstlerisch zu sehen, einen Aufenthalt schaffen können, der der Vorstellung des heutigen Wohnens und des Aufenthaltes auch in der Kirche, im Kultraum entspricht.• *Beifall*

BARTNING:
Lieber Herr Kollege Ruf! Nehmen Sie es mir nicht übel, daß ich Sie aus dem Konzept gebracht habe, aber das war die Absicht. Wir müssen nämlich, wenn es ein Gespräch werden soll, alles das aufgeschrieben Mitgebrachte vergessen,• *Beifall* und an irgend einer Stelle werden Sie ganz bestimmt unruhig werden und bitten, daß Sie wieder zum Wort kommen, und das wird viel lebendiger ausfallen. Ich möchte jetzt zu unserem Thema zunächst Herrn Paul Bonatz bitten, daß er von seinem Standpunkt aus sich dazu äußert, und wir stellen ihm die Apparatur zur Verfügung.• *Beifall*

PROFESSOR PAUL BONATZ, STUTTGART/ISTANBUL:
Es geht um zweierlei: um das Begriffliche und um das Schöpferische. Um das Begriffliche lassen sich viele Worte machen – das Schöpferische entzieht sich dem Zugriff durch Worte, man kann es so wenig fassen wie den Stein der Weisen.• *Beifall* Über das Verhältnis

von Denken und schöpferischer Tätigkeit hat sich niemand so geistvoll und liebenswürdig geäußert wie Paul Valery in seinem Buch „Eupalinos oder der Architekt". Erlauben Sie mir bitte fünf Minuten, Ihnen seinen Gedankengang zu erzählen:
Sokrates ging mit seinem Lieblingsschüler Pheidros in der Unterwelt auf und ab, und Pheidros fragte seinen Meister: „Habe ich dir nie von Eupalinos, dem Architekten, erzählt, der im Piräus die schönen Bauten errichtete?" Sokrates antwortete: „Nicht daß ich wüßte." – Es ist etwas unwahrscheinlich, wenn man 2200 Jahre nebeneinander auf- und abgeht, daß einer noch mit einer ganz neuen Geschichte aufwarten könnte, aber nun gut, – Sokrates sagte noch: „Gib acht, daß du mich nicht zum Lachen bringst, *Heiterkeit* denn wenn wir Schatten laut lachen, dann verflüchtigen wir uns, und es dauert eine geraume Weile, bis wir uns wieder soweit zusammengefunden haben, daß wir sprechen können."
Also Pheidros erzählte, wie ihm Eupalinos geschildert habe, welches Glück es sei, Architekt zu sein, denn dem Architekten sei es vorbehalten, all das wieder zu vereinigen, was Demiurgos beim Ordnen des Chaos trennen mußte. „Sieh, als der große Schöpfergott dem Demiurgos den Auftrag gab, das Chaos zu ordnen, da trennte dieser das Licht von der Finsternis, das Feste vom Wasser, den Marmor tat er in die Flanken der Berge, das Gold verbarg er in den Klüften und für das Holz schuf er die Wälder ... Wir aber dürfen von all dem das Beste wieder zusammenfügen, und wenn es uns gelingt, dann bringen wir unsere Säulen zum Singen."
Sokrates antwortete: „Du weißt es nicht, aber als ich achtzehn Jahre alt war, da hatte ich auch große Lust, Architekt zu werden. Ich machte einen langen Weg am Meer entlang, hinaus über Phaleron, ich hatte einen äußerst kunstvoll geformten kleinen Gegenstand gefunden, spielte damit in meiner Hand, es wurde mir nicht klar, ob Menschenhand oder ein Zufall der Natur ihn so geschaffen hatte – und da dachte ich darüber nach, wie das ist mit dem Schöpferischen, und da kam ich darauf" – das sind die Worte des Sokrates – „daß derjenige, der schöpferisch tätig sein will, die Fähigkeit haben muß, an einer gewissen Stufe des Denkprozesses, da, wo er die Voraussetzungen alle aufgenommen hat und aus den sich widersprechenden Forderungen den besten Kompromiß, die Synthese finden soll: den Vorhang fallen zu lassen. Er beschränkt sich bewußt auf die Erkenntnisse bis hierher und *will* nicht an das denken, was hinter dem Vorhang sich noch

weiter entwickeln könnte." Und Sokrates endete mit den Worten: „Ja, da sah ich, Sokrates, ein, das kann ich nicht, denn ich *muß* weiter denken, und wenn ich weiter denke, dann *zerdenke* ich."•

Beifall Scharoun:
Gar nicht böse, ich werde Ihnen dann antworten

Herr Scharoun, seien Sie mir bitte nicht böse,• wenn ich die Schule, die Sie gemacht haben, als ein Beispiel des Zerdenkens anführe – ich hoffe, wir dürfen uns mit Erlaubnis des Vorsitzenden

Beifall

ein wenig anpflaumen,• es wäre langweilig für die Zuhörer, wenn wir uns nur Liebenswürdigkeiten sagten. In diesen komplizierten Organismus sind so vielerlei Absichten hineingeheimnist, das Präparat Kind wird erst von links, dann von rechts bestrahlt, vertikal geordnet, horizontal zusammengefaßt, nach streng wissenschaftlichem System mit Zusätzen versehen und behandelt – ich kann es mir nicht anders denken, als daß zum Schluß nur noch der

Beifall

Homunkulus herauskommt,• und ich denke mit beglückter Erleichterung an die normale Volksschule in Rappoltsweiler im Elsaß, in der ich mit 60 anderen Buben in einer normalen Klasse saß. Ich habe die Vorstellung, daß ich in den drei Jahren dort das Nötigste alles gelernt habe.

Das Realgymnasium, das uns Freund Schwippert zeigt, ist das genaue Gegenteil. Hier sind wie bei einem Siemens-Industriebau in vier Geschossen die Klassen uniform aufgereiht, und die Schüler rollen auf dem laufenden Band in voller Anonymität, bis sie an

Beifall
Bartning:
Gar keine Abschweifung

der Schlußwand anstoßen, und da ist dann das Abitur.• Aber so geht es auch nicht, entschuldigen Sie die Abschweifung.• Sollte die Wahrheit wieder einmal in der Mitte liegen?

Der *Sinn* unseres Gespräches soll wohl sein: abgrenzen, eingrenzen. Die *Gefahr* des Gespräches aber ist die *Einengung* durch Parolen und die Überschätzung der Schlagworte. Nun, Gott sei Dank,

Heiterkeit

sind bisher alle Forderungen noch hübsch• im Allgemeinen geblieben. So warte ich darauf, bis die speziellen Einengungen kommen, etwa: weil nun Skelettbau und Glas erfunden sind, daß in Zukunft alle Bauten von oben bis unten und von rechts nach

Beifall

links nur noch Glas zeigen dürften,• oder: daß Mauern verpönt seien, vor allem aber die Symmetrie, und daß man, nachdem ganz neuerdings die „Organik" erfunden sei, nun organisch bauen müsse.

Macht aus solchen Dingen nicht immer gleich eine Weltanschauung und Kampfparole. Der liebe Gott hat so viele verschiedenartige Tiere in seiner Menagerie, sie wollen alle leben, sie haben alle recht, also laßt jedem seine Freiheit und glaubt vor allem nicht, daß das Parteiabzeichen oder das Rezept genüge. Das, worauf

es ankommt, liegt dahinter, es muß Herz und Drang und Wärme da sein, vom leeren Schema haben wir nichts.
Da muß ich nun gestehen, daß ich zwischen den großen Forderungen mit schönen Worten und dem tatsächlichen Ergebnis in manchen Fällen eine gewisse Kluft finde. Wie über diese Kluft das nächste Mal hinwegkommen? Sie haben diese Gespräche angefangen, das ist ein großes Verdienst. Sie wollen einen runden Tisch, um den sich alle zusammensetzen, und jeder soll zu dem Gegenstand sprechen, der in der Tischmitte steht. Aber die Gefahr ist, daß sich jeder mit dem Rücken zum Tisch stellt und in der Richtung seines Fensters hinausspricht. Das sollte vermieden werden. Also wie weiter?
Ich glaube nicht daran, daß man mit wissenschaftlichem und geistigem Nachdenken hier zum Ziele kommt, sondern es müssen praktische Folgerungen kommen. Wir haben der Stadt Darmstadt dafür zu danken, daß sie zehn Architekten aufforderte, diese zehn Entwürfe zu machen, aber ich habe die Vorstellung, daß diese zehn Aufgaben erst angetippt sind. Das gleiche muß noch einmal und gründlicher exerziert werden. Laßt zu den Aufgaben, die zuerst verwirklicht werden sollen, nochmals alle sich mit Plänen äußern, auch die jungen Wettbewerber noch einmal. Sortiert hiervon die besten aus und stellt sie neben die Leistungen der „Meister" – dann kann man wirklich zum Gegenstand sprechen, und dann wird das Gespräch nicht zu einem diffusen, sondern zu einem exakten.
Aber wenn das ganze Gespräch nun wirklich Wert und Sinn und Erfolg haben soll, dann geht's nicht anders, als wie es der Großherzog gemacht hat: in die Wirklichkeit überführen.
Das ist die große Hoffnung, daß das Thema des Gesprächs auch gebaut wird, daß dies mit dem besten Willen Gewollte und mit den besten Mitteln Geformte und ausführlich Auseinandergesetzte auch entsteht.
Dies möchte ich der Stadt Darmstadt wünschen.• *Beifall*

BARTNING:
Das zuletzt Gesagte über die Entwürfe, darüber werden wir morgen sprechen, denn der morgige Tag ist dem vorbehalten, daß die Entwürfe vorgeführt und von den einzelnen auch von innen heraus, aus dem Gefühl heraus, erläutert werden.

Zu dem übrigen, mit dem Sie uns immer gut bei der Mitte gehalten haben, wird jetzt unser großer spanischer Gast José Ortega y Gasset das Wort ergreifen.

PROFESSOR JOSÉ ORTEGA Y GASSET, MADRID:

Beifall

Lachen, Beifall

• Es ist nur ein einziges Wort, das ich dem Herrn Bonatz sagen möchte, nämlich: daß der liebe Gott den Zerdenker brauchte, damit die anderen Tiere nicht fortwährend in Schlaf fielen.•

BARTNING:

Herr Ortega! Wir haben den herzlichen Wunsch, daß der Zerdenker uns, wenn wir anfangen schläfrig zu werden, nachher noch weiterhilft.•

Lachen

Zunächst aber möchte ich doch glauben, daß auf das, was Herr Bonatz gesagt hat, zunächst einmal Herr Scharoun als der Angeredete das Wort ergreift.

PROFESSOR HANS SCHAROUN, BERLIN-SIEMENSSTADT:

Beifall

Lachen

• Ich danke meinem Kollegen Bonatz für das, was er für meine Arbeit hier getan hat• und dafür, daß er mir Gelegenheit gibt, mit einigen Worten auf das, was ich gewollt habe, zurückzukommen.

Wir haben schöne begriffliche Dinge heute morgen gehört. Wir haben gestern sehr Anschauliches von Herrn Schweizer an die Wand gemalt bekommen, und wir stehen jetzt zwischen all dem und versuchen, zu einer Synthese zu kommen, oder uns das vorzustellen, was uns im Grunde genommen trägt und was zu der Art Dinge, wie sie von mir Ihnen jetzt auch – durch meinen Entwurf – vorgestellt werden, geführt hat.

Wie wir dahingekommen sind, dazu muß ich die Ausführungen des Herrn Schweizer insofern etwas erweitern – Sie gestatten, das zu dürfen –, als da nicht nur Flächen zu sehen sein sollten, sondern daß im Grunde genommen in diesen Flächen Wirkkräfte stecken.

Wenn wir uns also den Städtebau der Antike ansehen, dann haben wir als eine Seite den griechischen Städtebau, und Sie haben in diesem Städtebau Teile, die *nicht* von gleich breiten Straßen begrenzt sind, sondern sowohl von breiten, die einem gewissen Verkehr dienen, als auch von anderen, die nur gewisse Beziehungen zu anderen Räumen aufnehmen. Wir haben in jedem dieser Teile vier bis acht Wirkpunkte – solche den Lebens- und Wirtschaftsraum gemeinsam darstellenden Kräftepunkte –, aus denen die Gemeinschaft entsteht, die ja eben dort aus Individualitäten, die zur Gemeinschaft drängen, besteht. Dort wird sie eben wirksam, und deswegen war es so wunderschön, heute morgen zu hören, daß diese Dinge ihre Grenze nicht von außen haben, sondern ihre Grenze gewissermaßen von innen bekommen, so daß der Grieche der Kolonialstädte sich mit diesem Problem so auseinandersetzte, daß die Siedlungen am Rande eben einfach dort aufhören, wo die Natur sich zur Aufnahme nicht weiter hergibt. Und das bedeutet ja immerhin etwas.

So haben Sie einmal also diese strukturierende Wirkung, die eine ganz bestimmte Art der Wirkung, der Wirkweise ist, und Sie haben andererseits die Polarität zwischen den einzelnen Objekten dieser kleinen Wohnhöfe zu den Höfen, in denen sich die Gemeinschaft – wesenhaft begrenzt – trifft, die also für ganz bestimmte Dinge einfach da sind.

Und dann haben sie noch eine andere Polarität, die Polarität zu den geistigen Dominanten, Tempeln usw.

Daraus setzt sich das Gefüge, das also auf einer sehr einfachen, wirtschaftlichen Form beruht, zusammen.

Sie haben im Mittelalter ähnliche Dinge, und dies haben wir ja zu aller Genüge gehört. Aber wir sehen, nicht wahr, daß darin Ordnungsprinzipien sind, nicht also abstrakte Satzungen, die eben nur abstrahiert werden können aus lebendigen Begegnungen mit Sein und Tun – also mit dem Raumhaften und mit der Zeit oder wie Kant, glaube ich, sagte: mit dem Raum als der Bewußtseinsform und mit der Zeit als der Anschauungsform. Nun haben Sie die ganz andere Situation des Flächenhaften: die Situation, nicht wahr, die von der Fläche her denkt. Das sind die Situationen, um die ja auch bei uns in der Folge dauernd gekämpft wurde.• *Zwischenrufe: Lauter!*
Die Fläche wird wirksam in ganz bestimmten Situationen.

Ich bitte – auch meinen Kollegen Bonatz – sich *das* Stück in meiner Arbeit anzusehen, wo ich in Bezug auf die Strukturform meiner Schule Bezug auf die städtebauliche Entwicklung Darmstadts nehme, indem ich auf einer ersten Darstellung zeige, daß – im alten Reich – einmal eine sehr wesentliche, eine Kraft, eine Absicht ausdrückende Linie, die sehr wichtige Nord-Süd-Verbindungslinie, als eine wirklich auswirkende Kraft da ist. In dem Sinne, und wie es von einem Kollegen dargestellt wurde – wie nachher, 1901, die Mathildenhöhe eine Kraft wurde.

Neben der Verbindungslinie und in seiner ganzen Unabhängigkeit der Form und in Polarität dazu: der Wirkpunkt Darmstadt mit dem Flüßchen in das Hinterland hinein und mit den Wegflüssen in das Hinterland. Aus dieser Situation entsteht eine Polarität, die sehr vieles aussagt, auch z.b. über die Hansa und über unseren geschichtlichen Werdegang in einer Zeit, da eben die Dinge wie hier zur Gestalt drängten: Alles dachte von Wirkpunkten her und tat sich in einem großen, ihnen – den Wirkpunkten – zur Verfügung stehenden Raum. Ich finde, es ist nicht unwesentlich, daß man dies sich nachher einmal genau ansieht. Dazu noch ganz kurz einige Bemerkungen: Wir haben heute die Möglichkeit, Ausgrabungen aus dem 3. Jahrtausend vor Christus in Mesopotamien kennenzulernen. Dort haben wir den Ort Bakun, eine Siedlung vollkommen wabenartigen Charakters, also eine Stadt, die überhaupt noch nicht diese einzelnen und individuellen Kräfte, die ineinanderwirken, kannte, sondern nichts anderes als das war, was dem mutterrechtlichen Begriff formmäßig entspricht oder ihm wesensgleich ist.• Ja, es gehört wohl ein bißchen zum Thema.• Nun gut, nun war also meine Vorstellung, und deswegen komme ich noch einmal kurz auf die Schule zurück, immer bei diesen Dingen durch Gliedern etwas sichtbar zu machen. Dies geschieht entweder durch Wirksamwerdenlassen bestimmter Zusammenfassungen aus dem Additiven, das ich mit dem Flächenhaften gleichsetze – ich kann das jetzt hier nicht genauer erklären, Sie müssen das so schlucken – oder andererseits aus strukturierender Kraft, wie wir dies gestern in den Darstellungen des Kollegen Schweizer so anschaulich vorgestellt bekamen. Darin bestehen die beiden Gegensätze des Schöpferischen, und ich stehe nicht an zu sagen, daß Herr Bonatz in der Hauptsache aus dem Additiven heraus wirkt und arbeitet – ich aus einer anderen Ecke heraus, nämlich aus dem Strukturierenden.

Das sind Dinge, die eben einfach unterscheiden. Aber sie führen ja beide zu etwas: Wenn bei mir zu einer Maschine für den Homunkulus, dann bei ihm zu einem Tintenfaß mit einem Deckel, den man aufklappen kann.•

Ich darf in diesem Zusammenhang, Kollege Bonatz, noch sagen: Wer sich mal mit der neuen Musik oder auch mit der Malerei eines Picasso, eines Braque usw. auseinandergesetzt hat, sieht auch hier, daß verschiedene Zeit-Zustände in einer neuen Zeitkonkretisierung aufeinander abgestimmt sind – so, daß verschiedene Be-

Zwischenruf: Thema! – Bartning: Aber es gehört ja zum Thema. – Unruhe Bartning: Aber nicht abbringen lassen!

Lachen, Beifall

wußtseinsebenen gewissermaßen gleichzeitig tätig und wirksam sind oder verschiedene Tatsachen zu *einer* Wirklichkeit bringen. So besteht die Möglichkeit, in Bezug auf die Schule einseitig so zu denken, daß ich sage: Ich vom Erwachsenenstandpunkt habe mit dem Arbeitsplatz zu tun; meine Sorge, die zwar ganz dem Kinde gilt, ist also die, daß ich dem Kinde den wirksamsten Arbeitsplatz beschaffe mit dem besten Licht usw.; doch da frage ich mich, habe ich in Bezug auf das geistige und körperliche Wachstum des Kindes genug getan, oder habe ich nicht doch vielleicht in diesen Dingen mehr auszusagen, mehr zu erfüllen? Das ist die ganz einfache Überlegung, die zu den Dingen hinführt und schließlich zu einer Form führt, die diesem Denkvorgang entspricht und ihn realisiert.
Im Augenblick habe ich diesem Thema nichts hinzuzufügen.• *Beifall*

BARTNING:
Wir setzen dieses Gespräch bestimmt nachher fort und ganz bestimmt morgen am Montag, wenn wir an die Projekte und deren geistige Absicht durch jeden Verfasser herankommen. Jetzt aber ist Herr Alfred Weber bereit, uns weiter denken zu helfen.

PROFESSOR DR. ALFRED WEBER, HEIDELBERG:
• Meine Damen und Herren! Ich habe nichts zu diesen sehr *Beifall* sachkundigen und gleichzeitig in ihrer Art tiefgründigen Erörterungen zu sagen, die am Schluß vorgenommen worden sind, und ich habe überhaupt nichts als irgend ein Architektursachverständiger zu sagen, sondern ich habe nur etwas zu sagen als ein einigermaßen prinzipiell erlebender Mensch. Prinzipiell, nota bene nicht denkerisch, sondern gefühlsmäßig. Wenn ich nun von diesem Standpunkt aus an das heutige Gespräch herangehe und es in Verbindung bringe mit den Erfahrungen, die ich über die neuere Architektur habe – wobei ich Anhänger derselben bin –, so kommt's mir vor, wir würden uns auf einen Holzweg begeben, wenn wir dabei bleiben würden, immerzu von dem Wohnen auszugehen. Ganz gewiß kann man das Wohnen, diesen Begriff des Wohnens, durch große begriffliche Gewandtheit ausweiten• und *Beifall* schließlich alles Anwesendsein irgendwo und Zusammensein Wohnen nennen. Im ganzen aber ist Wohnen und zu irgendeinem bestimmten Zweck mit anderen Leuten irgendwo Zusammensein zweierlei.• Was ich nun – ich führe das an, nicht um Kritik zu *Beifall*

üben – zu sagen hätte, wäre: Mir scheint, daß die ganze moderne Architektur bisher eine furchtbare Hypothek mit sich herumschleppt, indem sie immerzu und immerzu nur an das Wohnen denkt. Indem sie das getan hat, ist sie angewandte Hygiene geworden.• Damit kann sie konkurrieren mit unseren Ärzten. Indem sie das getan hat, ist sie Konkurrenz zum Fabrikkonstruktivismus geworden. Indem sie das getan hat, hat sie jenes schließlich einen Homunkulus gebärende Schulgebäude geschaffen. Man muß sich klarmachen: Es ist etwas vollständig anderes, ob ich mich „dreingebe", um mit jemand zu wohnen, oder ob ich mich dreingebe, um mit anderen in einer Kirche zu sein, in einem Parlament zu sein, in einer Ratsversammlung zu sein, in einer öffentlichen Versammlung zu sein, in einer Arena etwas zusammen zu erleben.•
Das sind ausgesprochene größere oder kleinere Kollektiverlebnisse, und ehe die Architektur, die moderne Architektur, nicht dazu kommt, diese Kollektiverlebnisse in ihrem Wesen nachzuerleben, aufzunehmen und wiederzugeben, wird sie nicht über den Tadel hinwegkommen, daß sie im ganzen und großen nüchterne Nützlichkeitspredigt ist.• Sie wird, solange sie nicht darüber hinwegkommt, immer intellektuell bleiben und polemisch.
Die ganze heutige Architektur ist tatsächlich unaufhörlich polemisch. Sie setzt sich mit einer polemischen Gebärde zwischen die alten Formen dazwischen: „Ich will nichts mit euch zu tun haben", obgleich sie sich sagen müßte, daß sie dadurch, daß sie in dem gleichen Raum ist, sehr viel mit ihnen zu tun hat.• Sie setzt sich mit ihrer weißen Farbe zwischen alle farbgetränkten früheren architektonischen Gebilde dazwischen mit ihrem verdammten Weiß• und sagt: „Ich die unbefleckte Jungfrau,• ihr seid alle verdorben." Das ist Polemik. Die wirkliche Architektur hat eine duldsame Vornehmheit.• Vermöge dieser duldsamen Vornehmheit ist der Barock imstande gewesen, an romanische Formen sich anzulehnen, ohne daß man darüber sich aufgeregt hat. Ich bin der Meinung, wir haben Leute unter uns, Architekten, und neben mir steht einer, der schon hinter dem prinzipiellen Vorhang ist – denn das, was ich eben gesagt habe, ist ja alles vor dem Vorhang –, der ohne weiteres weiß, daß es nicht auf das Wohnen allein ankommt, sondern, wenn Architektur mehr als sachliches Bauen werden will, wenn sie monumental und repräsentativ werden will – und das ist sie ihrem Wesen nach, wenn sie wirklich die Architektur ist –, daß sie dann, aus der seelischen Kollektivität formend, einen Raum gestalten muß, der mehr ist als nur ein

Raum.• Das ist unserem Freund Otto Bartning in seinen Kirchen *Beifall*
gelungen. Es ist sonst bisher eigentlich wenig gelungen. Es ist –
ich bin natürlich nicht so bewandert wie viele, die hier sein werden
– aber ich möchte sagen, es ist charakteristisch, daß selbst bei
einem Otto Bartning dieses Kollektiverlebnis sich nicht auf alle
seine eigentlich kollektiv zu erfassenden Bauten, wie mir scheint,
übertragen hat, z.B. schon nicht auf seinen Musikbau. Einen modernen Musikbau, einen solchen haben wir trotz allem noch nicht.
Und um abzuschließen – ich will Sie nicht länger aufhalten –:
Was würde aus dem Palast, aus dem Aufenthalt der Vereinigten
Nationen in New York geworden sein, wenn man sich einmal
den Kollektivgehalt, den die United Nations repräsentieren sollen,
deutlich gemacht hätte? Glauben Sie, daß dann eine aufgereckte *Lachen, Pfeifen*
Zigarrenkiste herausgekommen wäre,• die außerdem die New Yor- *Widerspruch,*
ker Perspektive verschandelt, soweit ich es beurteilen kann, wie?• *Beifall*
Es wäre meiner Ansicht nach viel eher etwas herausgekommen, *Beifall,*
was der Sternkirche von Otto Bartning ähnlich gewesen wäre, *Widerspruch*
bei der er leider nicht geblieben ist. Diese Sternkirche ist eine *Raus!*
Art Feenpalast, der Ansatz zu einem Feenpalast: der den Globus *Aufhören!*
umspannt mit seinen Öffnungen, in die er alles hineinsaugt. So
müßte das Gebäude des Kollektivs United Nations aussehen. So
sieht es bisher nicht aus, und indem ich das andeute, glaube ich,
einigermaßen deutlich gemacht zu haben, was ich Ihnen die Ehre
haben wollte zu sagen.• *Beifall*

BARTNING:
Meine Damen und Herren! Der elektrische Schlag war vielleicht
nur ein Symbol für einen geistigen Schlag, den ich bekommen
habe.• Die Schwierigkeit meiner Lage ist die, daß ich als Leiter *Lachen*
des Gespräches eigentlich nicht sprechen darf. Wenn ich aber so
angesprochen werde, tue ich's dennoch, und zwar nicht für mich,
sondern ich vermisse hier bis jetzt die Stimme der jungen Architekten,• für die ich ganz und gar stehe. *Beifall*
Die jungen Architekten, das weiß ich aus meiner Erfahrung und
meiner Zusammenarbeit, befinden sich ihrer Sehnsucht und ihrem
Wollen nach absolut auf dem Weg, die kollektiven, die wahren
inneren Gehalte unserer Zeit zum Ausdruck zu bringen. Ich habe
aber neulich gesagt: Ihr schlagt immer den Sack und meint den
Esel; ihr schlagt immer die Architekten, gerade in puncto des
UNO-Gebäudes, und meint den Esel. Denn die United Nations

Beifall

haben es nicht verstanden, ihre Aufgabe zu stellen durch das, was sie leisten.• Ihr Gesamtgedanke, ihre Idee, die die Welt aus den Angeln heben soll, wenn die deutlich wäre, dann hätten sich auch die Formen dafür gefunden, und so sehe ich selbst in dem UN-Gebäude – ich gebe die Bezeichnung desselben vollkommen zu – ein deutliches Signal für die Bürokratie dieser UNO-Einrichtung.•

Beifall

Lachen. Zuruf: Aber die UNO haben Sie doch nicht richtig abgetan.

Unruhe. Zwischenrufe: Die Jungen! Mäckler!

Beifall

Ich muß aber, wie gesagt, ich muß abbrechen, denn es ist mir nicht erlaubt, Dinge hinzuzutun, es ist mir höchstens erlaubt, Dinge abzutun, und ich gebe vielleicht ein Beispiel, das Beifall findet, wenn ich meinen Rock abtue.• Ich dachte, vielleicht kommen wir nachher darauf. Ich möchte jetzt eigentlich mal bitten, daß an diesem Punkt des Gespräches, das wahrhaftig interessant ist, daß jetzt sich vielleicht Herr Kreis, der sich dazu gemeldet hat, einmal meldet.• Einen Augenblick. Ich hatte Herrn Eiermann gebeten. Er ist mir weggeblieben. Ich bitte Herrn Mäckler, daß er zunächst spricht. Er hat's mir vorhin verweigert, aber er muß.•

HERMANN MÄCKLER, ARCHITEKT, FRANKFURT:

Meine Damen und Herren! Ich möchte nur mit wenigen Sätzen auf die Anwürfe von Herrn Professor Weber eingehen. Ich glaube, man muß sagen, Herr Professor Weber weiß wirklich nicht, was in der Welt rundum in den letzten Jahren an Bauten entstanden ist, die man nicht mit der Fotografie erfassen kann. Wenn Professor Weber unsere weißen Bauten angreift, so muß ich sagen, er greift die Farbe und die Form der zwanziger Jahre an. Wenn Sie die schwedischen Bauten sehen, wenn Sie die Schweizer Bauten sehen, wenn Sie die amerikanischen Bauten sehen: Farbe von einer derartigen Fülle, von einer derartigen Abstimmung, manchmal bis zur Effekthascherei. Ich weiß nicht, warum man Weiß angreift.

Widerspruch, Heiterkeit

Es gibt ja kaum mehr Weiß in der Architektur.• Ich möchte weiter sagen: Wenn er Herrn Scharoun angreift und dabei doch wohl einen Angriff starten will gegen einen harten, scharfkantigen, kristallinischen Raum, scheint mir dieser Angriff auch fehlzugehen, denn die Räume von Scharoun sind ja immer anders gewesen als kristallinisch-kühl. Diese Räume waren immer bewegt, waren immer Durchdringungen von einer Feinfühligkeit, die wir nur bewundern können.• Und nun erlauben Sie mir noch ein paar Sätze der Erzählung über das sogenannte UNO-Gebäude. Ich glaube, über dieses Haus sollte man nicht sprechen, wenn man es nicht gesehen hat,• und auch hier ist mit der Fotografie wirklich nichts

Beifall

Beifall

zu machen. Dieses Haus steht am East River, einem der beiden Flüsse, die Manhattan, den mittleren Teil von New York, umfließen. Diese Halbinsel Manhattan – denn sie ist eine Halbinsel – trägt von der Spitze der alten Battery bis hinauf, einige Kilometer weit, 38 Hochhäuser, die bis zu 80 Stockwerke haben, zunächst bedingt durch die Enge des Raumes, die Bodenspekulation, alles das. Die alten Hochhäuser, die dort unten stehen, an der Spitze, also Wallstreet, sind wirklich der direkte Ausdruck der Spekulation um die Jahrhundertwende oder zehn Jahre vorher. Die Stadt New York hat aber in ihrer Mitte, im Rockefeller-Center, ein städtebauliches Bild geschaffen, das an Großartigkeit nicht mehr zu übertreffen ist.• Bitte, jetzt geht's weiter.• Trotzdem die letzten, diese zwölf Wolkenkratzer des Rockefeller-Center, an imponierender Aufeinanderordnung, an Größe, ihresgleichen suchen, ist als Skyscraper, als Wolkenkratzer, unvergleichlich viel schöner das UNO-Gebäude. Man *kann* nicht diesen sogenannten Zigarrenkasten angreifen, denn er ist erst ein Sechstel der Bauaufgabe. Es ist ein reines Verwaltungsgebäude, und ich frage Sie, unabhängig von der Einstellung, die Sie selbst zur Baukunst haben, ich frage Sie, was ist im Kerne das alles anders als wirklich Raum-Schaffen für die Bürokratie?• Ja, natürlich. Es *ist* eben eine Bürokratie, die ihren Raum braucht.• Moment. Sehr richtig. Dieser Raum wird dann ein parabolischer, sehr hoher Versammlungsraum sein, er ist ja in den Lageplänen schon zu sehen, er ist in den Modellen zu sehen. Es ist also nur ein Mangel an Information, wenn man heute diesen Teil, dieses erste Sechstel, angreift, ohne den Zusammenhang, ohne den städtebaulichen Zusammenklang zu kennen.•

Zuruf Weber: Bestreite ich nicht!
Heiterkeit

Zuruf: Natürlich!
Zuruf: Es gibt auch was anderes in der UNO-Vollversammlung

Beifall

WEBER:
Ich möchte sagen, ich muß dem Redner vollständig recht geben. Ich bin offenbar in Bezug auf das UNO-Gebäude nicht voll informiert.•

Beifall

BARTNING:
Ich zögere einen Augenblick, ob wir in diesem Moment weitersprechen über den Standpunkt der jungen Architektur und über die Tatsache, daß eben gerade die Jungen – was ja gerade nicht immer nur mit den Jahren zusammenhängt – sich voll erfüllen

mit den wirklichen lebendigen Inhalten der Zeit und nach diesen Inhalten wahrhaft mit Sehnsucht sich sehnen, um sie zu formen. Woraus dann die Frage entsteht, die hier auch vielleicht noch zur Diskussion kommt und die bekanntlich Peter Meyer in der Schweiz vertreten hat: daß diese monumentalen, repräsentativen Aufgaben nur mit den aus der Klassik entnommenen Formen darstellbar seien, das heißt, daß unsere heutigen Formen nicht dazu imstande seien – was ich bestreite,• was aber vielfach erörtert wird. Ich glaube, daß nun doch Herr Kreis, der sich vorhin schon gemeldet hat, eben zu diesem hier uns etwas zu sagen hat, und bitte ihn.

Zuruf (Weber?): Ich auch!

PROFESSOR DR.-ING. E.H. WILHELM KREIS,
BAD HONNEF:
Auch ich habe diesen Zwiespalt erlebt. Man muß aber, glaube ich, bedenken, daß die Zeit um 1900 eine Zeit des Übergangs war, wo wir, damals Jugendliche, mitten in der Entwicklung waren. Ich war auch einer derjenigen, die um den Jugendstil mit gerungen haben.
Auch ich habe damals an meinen ersten Aufgaben gelernt, wie man einer Zeit in ganz verschiedenen Aufgaben auf irgendeine Weise dieser Zeit gerecht zu werden versucht. Man muß denken lernen, das Denken ist ja doch die Grundlage!• Das Denken schließt ja das Herz gar nicht aus.• Nur ein kluges Herz ist imstande, so zu denken, wie es für das Bauen nötig ist.

Beifall
Beifall

Ich hatte damals außer meinen Arbeiten für Raumgestaltung, was meine eigentliche Tätigkeit war, eine ganz ungewöhnliche städtebauliche Arbeit übernommen, in die ich mich hineinfinden, hineindenken mußte! Die alte 500jährige Augustusbrücke war bei einer ungewöhnlichen Hochflut zusammengebrochen.
Sie war weithin bekannt und berühmt – sie hatte ja die Aufgabe gehabt, das alte Dresden – die Altstadt und Neustadt mit ihren weltbekannten Meisterbauten – zu verbinden, und hatte dies ganz und wunderbar erfüllt.
Diese überall bewunderte Brücke durch einen Neubau zu ersetzen, war schwer. Es war doch so, daß selbst ein so gewaltig festes Bauwerk sozusagen krank geworden war und daß bei einem Hochwasser ein Pfeiler mit zwei Bogen in die Elbe versunken war.
Damals – 1904 – hätte man noch nicht wie heute eine schöne Stahlbrücke an ihre Stelle setzen können. Was man damals konnte, waren zwar auch schon Brücken in Eisenkonstruktion, Stein und

Eisen kombiniert – ja, es stand schon eine solche im Stadtbild – aber Sie würden gewiß als moderne Menschen etwas derartiges nicht haben wollen. Es gab noch keine modernen Stahlbrücken – 20 Jahre später habe ich eine im heutigen Sinn moderne Stahlbrücke, auch in Dresden, bauen dürfen (1927) und gern gebaut – aber um 1904 hätte ich es abgelehnt, eine derartige Aufgabe zu übernehmen. Ich konnte es noch nicht, es wäre mir fast gewissenlos erschienen. Was ich vorschlug, war eine Betongelenkkonstruktion. Sie hatte im Entwurf zwei Durchfahrten von zusammen 80 m Spannweite für Auf- und Abfahrt, und sie hatte, der Stadt zuliebe – ich fühlte mich dazu verpflichtet – eine sehr kräftige Konstruktion.

Die alte Brücke hatte 22 Bogen, die kleinen bis 6, die großen bis 9 m Spannweite. Sie sah aus wie eine ganz dicke Raupe. Mein Entwurf hatte nur zwei große und einige kleine, flache, springende Betonbogen.

Diese energische, ganz und gar schmucklose Brücke wurde gebaut. Die Bevölkerung erwartete nichts Gutes – die alte Brücke war so beliebt gewesen – man war betrübt, und ich hatte einen schweren Stand. Aber schließlich auch ich liebte ja das alte Dresden; wer von denen, die es kennen, tut es nicht! Ich glaube, ich hatte das richtige Empfinden, daß etwas von der Wucht der alten Brücke auch in der neuen sein mußte. Und heute ist die neue fast so beliebt, wie es die alte, ganz steinerne, war.• *Unruhe*

Immer noch innerhalb der alten großen Bauten der Altstadt steht diese Brücke als ein Stück Dresden, kürzlich wiederhergestellt, nachdem ein Teil gesprengt war – und ich wünschte jetzt gar nicht, daß sie anders wäre, obgleich ich als ein moderner Künstler inzwischen ein Beispiel aus Stahl gebaut habe, das in grimmiger Sachlichkeit mit *einem Sprung* über die Elbe bei Kaditz 25 Jahre früher als heute gebaut ist.

Aber diese Brücke in Beton, die heute fast so ehrwürdig wie die barocke, alte aussieht, macht mir immer noch Freude und ist ja nun auch populär.• *Zuruf: Zum Thema! Unruhe*

Das war, was ich als zwei Beispiele bringen wollte, die beide ihrer Art nach vielleicht doch an der richtigen Stelle stehen, die eine in der alten Stadt, zeitlos und ruhig, die andere in neuerer Zeit – vor 25 Jahren – modern erbaut und in neuer Umgebung, lebendig-springend und neu wie unsere heutige Zeit.• *Unruhe, Trampeln*

Vielleicht darf ich Ihnen zwei ganz andere Beispiele für die sachlich richtige Wahl entsprechend der Stelle und auch ganz zeitgemäß

Beifall später noch bringen, solche, die ich nicht gebaut habe, aber sehr schätze!•

BARTNING:
Herr Kreis ist ganz unwillkürlich auf dem Weg über den Brückenbau zu der Frage gelangt, die uns auch auf dem Herzen liegt, nämlich der Frage der Architekten, des Ingenieurs und der Forderung eines Architekt-Ingenieurs, und ich bitte Herrn August Hoff, dazu zu sprechen.

PROFESSOR AUGUST HOFF, KÖLN:
Wenn ich so als Zuschauer die letzten fünfzig Jahre der Architektur miterlebte, von den ersten Eindrücken der großen Generation, die hier 1901 die bestimmten Bauten, die nun am Anfang unserer Ausstellung stehen, geschaffen hat, bis heute, so glaube ich, daß drei Generationen sich da deutlich unterscheiden, und ich habe den Eindruck, daß bei der jungen Generation, die heute zu Wort kam und in ihren Arbeiten sich schon zeigt, die Großväter in starker Weise ausmendeln. Wir haben gestern von Schwarz gehört, wie diese erste Generation, die große Generation am Anfang eines neuen Wollens, die hier von den Olbrich, Behrens, van de Velde usw. repräsentiert wird, die wir drüben bei Frank Lloyd Wright, bei den Holländern usw. sahen, wie sie einen starken künstlerischen Charakter zeigt, wie diese Generation damit uns auch bewußt machte, daß alles Gestalten Sprache in stärkster, eindringlichster Form ist. Sie hat uns diese verantwortliche Sprache wieder nahegebracht in ihren Werken und in ihren Programmen. Dieses künstlerische Sprechen und Gestalten ist also mehr bei dieser Generation gewesen als nur ein Gestalten von Zwecken, Erfüllen von Zwecken und Funktionen usw. Sie wollten dabei die Gesamtheit des Lebens gestalten. Sie hatten also offenbar auch noch eine Gesamtvorstellung vom Wesen des Menschen. Das mag bürgerlich humanistisch geprägt gewesen sein, aber aus dieser Haltung heraus zur Ganzheit des Menschen und des Lebens heraus schufen sie auf allen Gebieten und suchten auch die Einheit in der Gestaltung zu sehen, wie bei Behrens von der Montagehalle bis zu den Briefbogen, bis zu der Bogenlampe usw. Dieses einheitliche Menschenbild, das dahinter steckte, war auch der Grund für die Werkgemeinschaft der Künste. Diese entscheidende Generation gab der darauffolgenden ein sicherlich sehr gutes, aber auch sehr gefährliches Programm in den Werkbundsätzen, etwa

der Gestaltung nur aus dem Zweck heraus, aus dem Werkstoff und aus der Werkmethode. Das führte in der darauffolgenden Generation, die notwendig war zur Klärung auf vielen Gebieten, zu einer starken rationalistischen Einstellung, zu einer einseitigen funktionalistischen Einstellung, zu einer Trennung der Künste wie vieler Gebiete im Leben. Viele Gebiete wurden abgetrennt von der Aufgabe des Bauens, das natürlich nur in den reinen Programmen so ganz mechanistisch und rationalistisch ausfiel und dort natürlich nur von einzelnen ganz streng ingenieurhaften Typen so ausgeübt wurde. Es waren ja auch immer nebeneinander die Gegensätze. Denken wir, um neutraler zu bleiben, an Holland, wo die Rotterdamer um Oud und die Stijlgruppe ganz kubistisch, rationalistisch eingestellt waren, während die Amsterdamer um de Klerk eine reine phantasievolle, künstlerische Kultur förderten. Diese Generation aber der reinen kubistischen, streng funktionalistischen Baukunst war notwendig innerhalb der ganzen Entwicklung. Das brauche ich jetzt nicht darzustellen. Ich habe aber jetzt den Eindruck, daß die Programme, die damals aufgestellt wurden, heute auch von ihren Verfechtern, nennen wir Oud, nicht mehr so streng genommen werden – denken Sie an das Shellhaus von Oud in Den Haag. Ich glaube, daß jetzt – damit kommen wir auf vieles zurück, was eben schon gesagt wurde bei Schwippert, bei Ruf usw. – daß jetzt innerhalb dieser neuen Generation sehr stark Dinge in den Vordergrund gerückt sind wie: künstlerische Aufgabe, Freiheit im Raum, Kommunizieren der Räume, Freiheit des Grundrisses, die Freiheit, mit der die jüngeren Künstler die durch die Zeit an die Hand gegebenen Mittel und die durch die früheren Erkenntnisse gegebenen Formen handhaben. Hierin scheint mir gerade das Neue in der Zeit zu liegen, das, was eben Schwippert forderte und in dem Gespräch bei Ruf aufleuchtete, daß nun die Gestaltungsaufgabe über die Erfüllung der Funktionen usw. hinausgeht, die man als selbstverständliche Voraussetzung natürlich nimmt und nicht verkennt. Man nimmt über die rein technischen Dinge hinaus, deren Notwendigkeit und Beherrschung selbstverständlich sein sollten, die Gestaltungsfragen in einer viel größeren Freiheit in Angriff und erweitert damit auch das Menschenbild, das nicht mehr ein Bündel von Funktionen ist im Leben, im Beruf, im Staat usw. Man drängt jetzt doch wieder zu einem größeren, allgemeineren Menschenbild hin, wie es unsere Großvätergeneration, die große, am Anfang stehende Generation, gemeint hat. Und dann wäre ja auch das, was man damals mit

Jugendstil bezeichnete, wirklich, wie Ahlers-Hestermann sagt, Stil einer Jugend und Jugend eines Stils. Es ist nicht nur eine späte Blüte, wie Schwarz gestern ein wenig melancholisch, aber auch richtig meinte, es ist der letzte Ausklang der bürgerlichen Kultur, aber auch ein Durchgang, ein Anfang, ein Fundament für das, was die Generation, auch die voraufgegangene, schuf in ihrer stark funktionalistischen Tendenz, und in dem, was kommen wird, *Beifall* also wirklich ein Stil der Jugend und Jugend eines Stils.•

BARTNING:
Herr Hoff, Sie haben mit vollem Recht an die Generation der Großväter appelliert und uns damit auch an den Anfang der ganzen Veranstaltung 1901-1951 verwiesen. Ehe ich daher nachher noch zweien unserer jüngeren Architekten das Wort erteile, bitte ich Herrn Richard Riemerschmid – ich glaube, er ist in unserem Kreis der einzige, der die Zeit von 1901 bereits als schaffender Architekt miterlebt und als Freund der damaligen Baumeister mitgemacht und als damaliger Revolutionär gewirkt hat, – zu uns zu sprechen.

PROF. DR.-ING. E.H. RICHARD RIEMERSCHMID, MÜNCHEN:
Beifall • Ich fürcht', ich kann nichts Neues und kann nur Selbstverständliches sagen – überflüssig, wie's so scheinen könnt'. Nein! Nein – das stimmt aber nicht. In einer harten, kranken Zeit voll Verwirrung und ungelöster Gegensätze ist das Selbstverständliche oft recht schwer verständlich, liegt nicht offen zutage. Ein entschlossenes und gar nicht zu ängstliches Suchen – es lohnt sich da, glaub' ich.
Bei Lessing ist der Ausspruch zu finden: *„Wohlan! – ein jeder eifre seiner von Vorurteilen freien Liebe nach"*. – Ein feiner Spruch für uns, die wir hier zusammengekommen sind. Kein Wort zuviel, keines entbehrlich. Das mutige *„Wohlan!"* dürfte nicht fehlen und das gebietende *„eifre nach"* ebenso wenig. Dann das ernste gewichtige strenge *„von Vorurteilen frei"* und das erlösende *„– Liebe"*. – Keine Vorschrift oder Anordnung, keine „Richtlinien" – der weise Rat und Wunsch eines großen edlen Menschen. Wir haben bisher kaum genug betont, daß es weniger darauf ankommt, festzulegen, *wie* die Sache gemacht werden soll, daß es vielmehr *Beifall* vor allem ankommt *auf den Kerl,* der's macht.• Und der sei „von Vorurteilen frei" selbstverständlich! – Selbstverständlich? Erfüllen

wir die Forderung?• Mit manchem unserer Riesenhäuser (zum Beispiel), deren gleichmäßige Endlosigkeit zu der unartigen Frage verleiten könnte: Wär's nun nochmal so hoch und nochmal so breit, wär's dann nicht ohne weiteres *noch* großartiger? Vor den ägyptischen Pyramiden würde keiner eine solche Frage wagen. Die dienen *Einem* – dem toten Gottkönig zur Ruhe in Ewigkeit. – Bei unseren Riesen- und Massenhäusern – sollte hier nicht – auch in der Erscheinung – die Verschiedenart der Verwendung sich spiegeln, von ernsten weltwichtigen Ereignissen über bedeutsame geschäftsmäßige Arbeit bis zu alltäglicher untergeordneter Beschäftigung? Sollten nicht nach außen wie nach innen die Massen und Räume sich *sichtbar* darstellen als im höchsten und geistigen Sinn *zweckdienlich*? Könnte nicht eine solche Aufgabe mit – ich möchte sagen – mit einem harmlosen Sinn für Wahrhaftigkeit besser und lebendiger gekennzeichnet werden? – Ein anderes Beispiel: Zierformen vermeide vorsichtig, wer sein Ansehen nicht gefährden will. Warum? Auch wenn sie aus dem Werkstoff herausgeholt sind oder seine Wirkung verfeinern und steigern? Ist nicht die Farbe auch eine Zier? Soll dem Bau und dem Raum versagt sein, was der Kleidung, dem Spiel, überhaupt kindlich unbefangenem Sinn stets behagt hat? Anspruchslose Zeichen von Frohsinn, von Heiterkeit, sollen sie unserer hartbedrängten Zeit nicht willkommen sein? Sollen sie durch ihr Fehlen den beliebten Kitsch noch beliebter machen? Vom Übertreiben noch ein Wort: Neue Errungenschaften, wertvolle Fortschritte sollten nicht durch übertreibendes Vorurteil verdorben werden bis zum modischen Unsinn. Ist nicht das Glas da und dort schon diesem Schicksal verfallen? Das Bauwerk soll uns doch auch schützen vor den furchtbaren Gewalten der Natur, vor dem versengenden Licht, vor wildunbändigem Wasser. Vor der herrlichen, reichen, gütig beseligenden, vor der ohne Erbarmen fühllos vernichtenden Natur – vor *beidem* müssen wir bestehen mit unserem Bauen. Dürfen veränderliche Äußerlichkeiten uns wichtig dünken inmitten solchen Glücks und solcher Not? Suchen, suchen, unbefangen suchen, liebevoll suchen, nicht mit dem Wissen ausgerüstet, daß wir's von vornherein besser wissen. Wenn nämlich etwas ganz anders ist als bisher, so ist das allein noch kein Fortschritt, kann auch ein Fehlschritt sein. – Lernen von allem, von überall her, von jedem echten Meister, von jedem echten Meisterwerk; lernen heißt *nicht* nachmachen oder nachahmen. Es wird jetzt, wenn ich mich nicht täusche, viel nachgemacht, doch kann ich nicht einsehen, warum dieses bedenkliche Ausleihen zwar beim alten Reichtum verboten sein, bei den Neureichen dagegen anerkennend gelobt werden soll. – Sonderbare Menschen, die ihrer gestaltend tätigen Sehnsucht nach Vollendung freudig und unbeirrbar dienen, – es gibt immer wieder einmal solche Echte und Gerechte, – die brauchen wir, – auch wenn sie sich nicht so ganz leicht in die übliche Ordnung einfügen lassen – *die brauchen* wir!• Wer hat Richtlinien festzulegen? Soll auch darüber die Mehrheit abstimmen und bestimmen? Das ist *nicht selbstverständlich.*

Daß die Jungen *manches* besser wissen als die Alten, das ist wirklich (– und hoffentlich) selbstverständlich. – Daß sie *alles* besser wissen, das scheint mir *nicht* selbstverständlich.

Vielleicht hab ich schon zu viel gesagt – drum zum Schluß nur noch die drei Worte, die aus allem Unheil zum Heil hinweisen, die geheimnisvollen, alles umfassenden, unfaßbaren, die Goethe in seinem Fingerring verborgen hat: *Alles um Liebe!*•

BARTNING:
Wir danken Ihnen, Herr Riemerschmid, ganz besonders! In jenen Zeiten 1901 waren Sie und der leider nur im Geiste heute mit uns verbundene van de Velde die Kerle, die revolutionären Kerle, zu denen wir jungen Leute aufsahen; denn ich war siebzehnjährig damals und habe eigentlich den Antrieb zur Architektur hier, 1901, in Darmstadt gefunden.

Sie waren Revolutionäre, und das ist das, was uns vielleicht heute klar wird: Revolutionäre aus dem Herzen. Das ist eine ganz entscheidende Eigenschaft, und das, wovor wir uns heute mit unseren jungen Leuten hüten müssen, ist, daß wir nicht Revolutionäre aus dem Verstand werden.• Sie sind es nicht, oder ich darf vielleicht sogar sagen: wir sind es nicht. Aber ich möchte dazu nun zum Abschluß des heutigen Vormittags nach zwei von den jüngeren Architekten sprechen lassen. Zunächst Sep Ruf, um meine Schuld von vorhin gutzumachen, und dann Steinbach aus Heidelberg, der sich hier aus dem Publikum zu uns heraufgesetzt hat. Ich sage Ihnen dann am Schluß, wie wir es dann am Nachmittag weiter halten wollen.

RUF:
Zum Thema: Wenn das neue Bauen Stahl und Glas verwendet hat, so doch nicht aus formalen Gründen, sondern aus dem Darstellenmüssen eines ursprünglich und unabdingbaren neuen Le-

bensgefühls, das Verbindung sucht nicht mit Licht, Luft und Sonne im sportlichen Sinne, sondern im Sinne dieser Elemente, und wenn uns da heute das Baumaterial an die Hand gegeben ist, das darzustellen, so müssen wir es auch ganz bewußt anzuwenden versuchen. Und wenn uns das mal nicht mehr gegeben werden könnte – wie Schwippert anfangs meinte –, dann werden wir es in Holz bauen. Es sind schon wirklich keine formalen, sondern entscheidende geistige Voraussetzungen dafür gegeben, und wenn Sie mich vorher weitersprechen, einen Satz weiter hätten sagen lassen, hätte ich gesagt, daß wir nicht nur aus diesem Lebensgefühl heraus so leben, tun und so gestalten, so diese Mittel verwenden müssen, sondern daß wir darüber hinaus funktionelle Lösungen bereits erreicht haben, die notwendig waren, so einfach und klar darzustellen, um zu wissen, was auch im Baulichen das Grundelement ist, mit dem wir nicht zeichnerisch und entwurfsmäßig, sondern wirklich baulich gestalten wollen. Und wenn wir nun darüber schon heute uns klar sind, daß das rein Funktionelle nicht mehr allein genügt, dann ersehen Sie daraus, daß wir auch das Künstlerische jetzt wollen, ja es sich bereits anzeigt, dieses Wollen. Nennen wir nur ein Beispiel, um nicht im Theoretischen zu bleiben, sondern um real aufzuzeigen – die meisten Fachleute werden es kennen und der allgemein kulturell interessierte Mensch auch –, zum Beispiel den Um- und Anbau des Gürzenich in Köln.• Hier spricht bereits ganz zeitgemäße Konstruktionsverwendung, Skelettbau, beschwingte Formen, festlicher Raum, der das Festliche und das Beschwingte schon unmittelbar ausdrückt, daß man darüber vergißt, daß eine Zweckform ihn darstellt. Und das nennen wir Kunst und das streben wir an, und Schwarz hat dies gestern so richtig gesagt in seinem Vortrag über die Kunst; und das wollte ich heute auch sagen. Ich wußte nur nicht, daß man so frei sprechen kann. Ich habe mich an das Manuskript gehalten. Aber jetzt weiß ich es, und ich möchte daraufhin antworten, daß man das künstlerische Wollen so sehen muß in unserer Zeit, daß diese modernen Formen, die einfachst sich darstellen, ich nenne z.B. das freie Spiel der Kräfte, der Formen, auch der Einzelformen, daß diese zusammenzufassen sind in einem Einheitlichen – das sind zwar alle Form- und Kunstgesetze aller großen Zeiten gewesen, aber die wollen wir auch wieder, bloß in dieser bereinigten Form, ich will sagen bereinigten Situation des Lebensgefühls und mit den heute klar gesehenen gestalterischen Formen. Und wenn nun Scharoun seine Schule so plant, von der

Beifall

vorhin schon die Sprache war, so doch deswegen, weil er dem Organismus nachtastet und ihn mit seinen vielen, vielen Wechselwirkungen, die für uns Leben sind, herausgestaltet und sie sieht und sie anwenden will, um eben wirklich einen Organismus zu schaffen, dann ist doch das nicht etwas Formales, Uninteressantes oder das, was man ablehnen müßte. Schon der Vorgang, daß ein
Beifall   Mensch das tun will, ist doch etwas Großartiges.•

Nun nochmal zum modernen Wohnen: Dem Einfamilienhaus konzipiert man heute schon zu, daß man ein differenziertes Wohnen hat, ein großes Fenster, einen großen Raum, einen Garten, der hineinfließt in den Innenraum und von dem man wiederum auch das Draußen einbezieht, ja ständig mit ihm unmittelbar in Verbindung sein will. Das müssen wir aber auch im sozialen Wohnungsbau dem anderen, die es sich nicht leisten können, geben, nicht mit kleinen Fenstern versehene Straßenfassaden, kilometer-
Beifall   weise die üblen Mietskasernen schaffen.•

Und wenn wir den modernen Konstruktionen immer konsequent nachgegangen sind, meine Damen und Herren, dann deswegen, um sie so zu beherrschen, so einfach und wirtschaftlich zu machen, um auch in der beschränkten Möglichkeit des sozialen Bauens allen zu geben: den geöffneten Raum, den freien Raum der Ter-
Beifall   rasse, der mit der Natur in Verbindung steht.• Das war schon nicht nur ein formales Wollen, das war ein großes soziales Wollen, und das heißt eben, daß wir auch im Wohnen etwas Wesentliches suchen, nämlich das Menschenwürdige und den Abglanz des lebendigen, individuellen Lebens, wie es sich uns *heute* dartut. Auch in den Bauten der Allgemeinheit, des Kulturellen, des Kultischen, wollen wir nicht mehr nur einen Versammlungsraum oder eine Halle, die nur mit technischen Mitteln: einem Stahlgerippebau und einem Fachwerkstäger, einem eisernen, überspannt wird, und uns dann daran berauschen, daß das überhaupt technisch möglich ist. Nein, wir wollen schon wieder jenen Aufenthalt schaffen, wo auch die aufgeregten, modernen Menschen mal wieder beten können und müssen. Wir *wollen* diese Atmosphäre schaffen. Es ist schon etwas Geistiges, das uns bewegt, diese Dinge zu tun, und nicht nur aus formalen Gründen, wie man es uns nachsagt. Es liegt nämlich so, daß wir an alten Dingen wohl Interesse haben und die Tradition übernehmen und weiterführen wollen, allerdings nur so weit, wie sie geistig für uns den Weg aufzeigt, wie die früheren Zeiten versucht haben, ihr geistiges Weltbild umzusetzen und es zu gestalten. Dieser elementare geistige Vorgang interessiert

uns, und darauf denken wir zurück, wenn wir uns klarmachen, *was* wir tun und *wie* wir es darstellen müssen. Darum können wir nicht irgendwo formal anschließen, wohl aber geistig, und das wollen wir.• *Beifall*

BARTNING:
Wir werden gleich noch Herrn Baumeister Steinbach aus Heidelberg sprechen hören zur heutigen Architektur. Ein Wort noch zu der Fragestellung, die eigentlich auf Verabredung hin Hans Schwippert am Anfang gesetzt hat: ob nämlich die offenen landschafts- und naturoffenen Räume, um es ganz kurz zu bezeichnen, verursacht sind durch die technischen Mittel, ob sie ohne diese technischen Mittel auch möglich sind. Ich habe mit einer gewissen teuflischen Absicht veranlaßt, daß die Frage so dialektisch gestellt war, denn ich muß nun sagen, es ist eine pure Dialektik. Ich bin fest überzeugt, daß eine Zeit, die diese offenen Räume will, daß eben gerade diese Zeit Eisen und Glas findet und es ihr gegeben wird und es ihr drum auch aufgegeben ist, mit diesen Mitteln das auszudrücken, was ihr auf dem Herzen liegt. Ich vermute aber, daß das alles von Herrn Steinbach sehr viel besser jetzt noch gesagt wird.

PROFESSOR RUDOLF STEINBACH, HEIDELBERG:
• Ich möchte ganz einfach die drei Fragen beantworten, die Professor Schwippert aufgeworfen hat.• Wir gehen heute mit dem Stahl um, wie es der griechische Baumeister mit dem Marmor getan hat, mit derselben inneren Verantwortung. Wir lehnen es aber ab, den Begriff der Klassik stumpf zu übernehmen. Denn wir haben erkannt, daß die Klassik, so wie sie uns heute dargeboten wird, der Name für jenen langweiligen Zustand ist, wenn die griechische Säule in ihrem Echinus 45 Grad erreicht. *Beifall* *Beifall*
Das sind jene toten Tempel – wie sie nicht etwa in beherrschter Großartigkeit in Paestum stehen mit den riesigen Ausladungen ihrer Kapitäle – das sind jene toten Tempel in Agrigent, die reichgewordene Bürger mit der leblosen Masse ihres Geldes errichtet haben und die uns langweilen, wenn wir sie betrachten. Wir gehen mit dem Stahl und unseren Materialien in ernster Verantwortung um, wenn wir richtige Architekten sind. Und weil wir das tun, können wir hoffen, aus dem Stahl und aus dem Glas ähnliches zu erfinden, vielleicht eines Tages, wie die grie-

chischen Baumeister aus dem Marmor und aus dem Holz ihnen Gemäßes erfunden haben.
Für den Beton wäre das gleiche zu sagen.
Zur zweiten Frage: Wenn wir alle diese Materialien nicht hätten – ich möchte darin viel weiter gehen als Sep Ruf – ich würde sagen, wenn wir nur noch Splitter vom Glas hätten und nichts als Steine, die die Natur uns reichlich böte, dann würden wir ein Haus bauen, das die *Weiträumigkeit* und die *reine Flächenhaftigkeit* uns dennoch gäbe in der vollen Wand. Denn wir würden die Wand als eine reine, unbetretene und unberührte Fläche vor uns aufrichten.
Und da liegt vielleicht der Sinn unserer weiten und flächigen Öffnungen, daß wir ein Neues, Unbetretbares, ein Reines vor uns hinstellen möchten.
Gleiches hat man in wesentlichen Zeiten vor uns getan. Wer von Ihnen die kleine Torkirche in Lorsch betritt, die dem hl. Michael geweiht ist, sieht sich einer Wand gegenüber, die *reine Fläche* ist, volle steinerne Wand. Sie ist überdeckt mit einigen dürftig gemalten romanischen Säulen. Dazwischen ist die Wand durch die handwerklichen Unebenheiten des Verputzes leicht in Vibration gebracht, und sofort ist für uns dahinter die ganze gegenwärtige, aber auch die ganze imaginäre Welt aufgetan. Es ist das, was in der bewegten Zeit der Mathildenhöhe um 1901 bei Hofmannsthal ausgedrückt wird im „Gespräch der Tänzerinnen" mit dem Begriff der „reinen Matte": eine unsrige Stelle, die so rein ist, daß die Götter sie unmittelbar betreten könnten.
Zur dritten Frage von Professor Schwippert möchte ich sagen: Unwürdig mit dem Material umgehen kann jeder. Jene zuvor angedeutete, weitgespannte, anspruchsvolle Erwartung wird hervorgerufen, daß der Nichtskönner, das meint recht eigentlich den Mann, der den Stahl oder das Glas nicht mit genügender Andacht liebt, um ihn zur Säule heraufzusteigern, einfach unfähig ist, mit dem Material umzugehen. Die Schöpfung *ist* wehrlos. Soweit die

Beifall Beantwortung der drei Fragen.•
Wenn ich jetzt noch hier sitzen bleibe, so tue ich es, weil der Vortrag von Professor Schwarz mir eine schlaflose oder doch zum Teil schlaflose Nacht bereitet hat. Professor Schwarz hat uns gesagt, daß das vorige Jahrhundert ein großes Gitter über uns geworfen habe. Es blieb in mir etwas zurück wie eine schwere Beklemmung, als sei es kein großartiges Erbe, was uns von dort überkommen wäre. Ich kann mich aber dem Eindruck nicht verschließen, unser

ganzes Leben, wie es jetzt ist, sei vorgebahnt in eben jenem vorigen Jahrhundert mit seinen Erfindungen und seinen neuen Möglichkeiten, der Elektrizität, dem Telefon, dem Auto, dem Flugzeug, dem Brückenbau, den neuen Möglichkeiten des Eisens. Olbrich und sein Kreis greifen sie auf, können sie 1901 nicht aus ihrem Programm herauslassen. Wenn es aber trotzdem wie ein Gitter erscheinen könnte, das den tieferen Ausblick versperrt, dann möchte ich Professor Schwarz mit einem religiösen Wort antworten dürfen. Der heilige Augustinus hat vom Sündenfall im Paradies gesagt: „O glückselige Schuld!" Und auch ich wäre verführt, angesichts dieses selbsterbauten Gitters zu sagen: „O glückselige Schuld!" Denn ich glaube, daß jene Kräfte, die dort aufgebrochen sind, wenn sie eine Gefahr einschlössen, auch die Möglichkeit enthielten, daß wir am Ende erhöhter, erweiterter und voll reiner Räume vor die Gottheit träten.• *Beifall*

BARTNING:
Ja, lieber Herr Steinbach, wir danken Ihnen herzlich, denn Sie haben unseren Vormittag zu einer wirklichen Abrundung gebracht, indem die Frage, die am Anfang stand, nun beantwortet ist.• *Beifall*
Ich möchte nur noch kurz mitteilen, wie wir uns den Verlauf des Tages weiter denken. Ich schlage vor, daß wir – reich beschenkt und reich bedacht – jetzt auseinandergehen, und habe noch mitzuteilen, daß die Ausstellung auf der Mathildenhöhe den ganzen Tag über geöffnet ist, und das, was Steinbach gesagt hat, war ja eigentlich genau der Tenor der Ausstellung, die Linie, die dort aufgezeigt ist. Dann wollen wir nicht, wie im Programm steht, erst um 5 Uhr, sondern schon nachmittags um 4 Uhr hier wieder zusammentreten, damit die Sache nicht zu tief in den Abend hineingerät. Und ich habe die große Freude, Ihnen zu sagen, daß um 4 Uhr Herr Ortega y Gasset mit seinem Thema „Der Mythus des Menschen hinter der Technik" uns den Auftakt und den Beginn des Nachmittags geben wird.• *Beifall*
Noch ein Wort: Morgen am Montag wird ausnahmsweise die Ausstellung schon um 8 Uhr geöffnet, und wir wollen um 10 Uhr hier wieder zusammenkommen, um dann über die – gegen meinen Einspruch – immer wieder so genannten Meisterbauten zu sprechen.

PROFESSOR JOSÉ ORTEGA Y GASSET, MADRID:
DER MYTHUS DES MENSCHEN HINTER DER TECHNIK

Meine Damen und Herren! Zum eigentlichen Gespräch kann ich nicht kommen, weil mir dazu das Wichtigste fehlt. Zum Gespräch nämlich fehlt mir eben die Sprache,• was ziemlich heideggerisch klingt, denn ich will unserem großen Heidegger ähneln, der nicht wie die anderen Menschen nur Aufenthalt bei den Dingen, sondern noch dazu einen, besonders ihm ganz eigenen, Aufenthalt bei den Wörtern liebt. Aber obgleich ich monologisch sprechen muß, bin ich genötigt, Ihnen – Sie um Verzeihung zu bitten wegen der Illusionen, die ich der deutschen Grammatik notwendig verursachen werde.

Der Mensch, das Leben – das ist klar – ist ein inneres Geschehen und nichts weiter. Deshalb kann man nur von dem Menschen und von dem Leben sprechen, wenn man von drinnen aus spricht. Wenn man ernsthaft vom Menschen sprechen will, kann man es also nur von drinnen, vom *eigenen* Drinnen her, also man kann nur *von sich selbst* sprechen. *Alles* andere, was wir von den *anderen* Menschen, von dem anderen Leben oder vom Menschen im allgemeinen sagen können, muß man als *sekundär abgeleitete* und abstrakte Aussagen ansehen, also nicht evidente, auf Grund von Voraussetzungen und Annahmen konstruierte Aussagen. Daher haben wir zwei verschiedene Bilder vom Menschen: das *innere Bild,* das das von Grund auf wahre ist, aber das sich nur auf den *eigenen* Menschen bezieht, und das *äußere* Bild, das wir uns vom *anderen* Menschen machen, von ihm als Individuum oder von ihm als Allgemeinheit. Wenn wir eine Lehre über den Menschen aufstellen wollen, dann ist es äußerst fruchtbar, diese beiden Anschauungen oder Aspekte aufeinanderprallen zu lassen. Dabei dürfen wir wenigstens nicht vergessen, daß eine davon primär und offenbar ist, während die andere sekundär und angefertigt ist. Wenn man den Menschen, als den anderen, von außen her betrachtet, ist die beste Methode der Behaviorismus, die Verhaltungsforschung. Es interessiert uns jetzt nicht, ob diese Methode einen Sinn hat, es genügt uns, anzuerkennen, was unzweifelhaft

Lachen

ist, daß es nämlich eine gewisse fruchtbare Geistesgymnastik ist, den Menschen als etwas Absolutes von außen zu betrachten, sein äußeres Verhalten zu beobachten und zu analysieren, vor allem, wenn wir nicht dabei stehen bleiben, sondern wenn wir von seinen Körperbewegungen ausgehen und darauf die Hypothese aufbauen, wie ein Wesen drinnen sein *müßte,* das von außen gesehen so geartet *ist.*
Unter den Bewegungen des anderen Menschen, die wir bemerken, gibt es eine sehr interessante Gruppe: die *technischen* Bewegungen. Das sind die Bewegungen, die der Mensch macht, wenn er Gegenstände herstellt. Eines der klarsten Gesetze der Universalgeschichte ist die Tatsache, daß die technischen Bewegungen des Menschen an Zahl und an Intensität ständig zugenommen haben, daß sich die technische Beschäftigung des Menschen in diesem strengen Sinne in unzweifelhaftem Fortschritt entwickelt hat, oder, was dasselbe ist, daß der Mensch ein in fortschreitendem Maße technisches Wesen ist. Und da gibt es keinen konkreten Grund zu glauben, daß dies nicht ohne Ende so weitergehen wird. Solange der Mensch lebt, müssen wir uns die Technik des Menschen als einen seiner wesentlichen konstitutiven Wesenszüge ansehen, und wir müssen also die These aufstellen: Der Mensch ist Techniker. In diesen kurzen Worten möchte ich mich vorläufig einmal provisorisch und als Behaviorist verhalten, allerdings als transzendentaler Verhaltungsforscher, vorausgesetzt, daß das nicht dem runden Quadrat zu nahe käme. In dem Satz „Der Mensch ist Techniker", sofern ich mich als Behaviorist benehme, habe ich keine Ahnung, was das Subjekt bedeutet. Ich finde vor mir nur „X", der als Techniker sich bewegt und verhält. Es handelt sich also darum, uns zu befragen, wie, zum Teufel, ein Wesen für sich sein muß, das Technik treibt. Zu meinem gegenwärtigen Vorhaben brauche ich mich nicht in konkrete Probleme der technischen Tätigkeit zu versetzen, mir genügt zu bemerken, daß dieser beliebige „X", dessen Stimme hervordringt, die Gegenstände dieser körperlichen Welt, sowohl der physischen als auch der biologischen, so verwandelt und metamorphosiert, daß sie mehr und mehr und vielleicht am Ende zu einer ganz oder beinahe vollständig anderen Welt werden müssen gegenüber dem Erstgeborenen und dem Spontanen. Es scheint offenbar, daß der „X", der Techniker ist, sich eine neue Welt zu schaffen beansprucht. Die Technik ist also Schöpfung, creatio. Nicht eine creatio ex nihilo, aus dem Nichts, wohl aber eine creatio ex aliquo.

Verzeihen Sie mir, aber ich mußte in München mehrere Vorträge halten, und ich habe schrecklich gearbeitet und keine Minute gehabt, um diesen Vortrag richtig vorzubereiten. Die Hälfte davon muß ich improvisieren, was, wie Sie jetzt sehen werden, wirklich eine gewagte Sache ist.•

Lachen

Warum und wozu diese Bestrebung, eine andere Welt zu schöpfen? Warum und wozu? Die Sache ist nicht so einfach zu beantworten, weil diese fertigenden, fabrizierenden Bewegungen sich in zwei verschiedene Richtungen scheiden. Dem Maschinen-, dem Ackerbau usw. steht die Schöpfung von Bildern, Bildsäulen, tönenden Instrumenten, schönen Gewändern und was zur Architektur, eben Baukunst, gehört, gegenüber. Wir finden also vor uns sowohl technische Geräte als auch Kunstgeräte. Ich kann jetzt nicht die beiden Gerätearten gegenüber differenzieren, wir wollen nur soviel sagen, daß es einen deutlichen Unterschied gibt zwischen dem, was der Mensch mit den technischen Geräten macht, und dem, wie er sich mit den Kunstgeräten verhält, wenn er sie einmal schon geschaffen hat. Der Mensch braucht und *ver*braucht die technischen Geräte, d.h. daß er sie, wenn er sie einmal schon angefertigt hat, in Betrieb hält, er läßt sie *funktionieren.* Das ist ein echtes Tun des Menschen. Aber den Kunstgeräten gegenüber scheint der Mensch gar nicht so dumm. Er braucht sie nicht, und deswegen *ver*braucht er sie um so weniger. Er bleibt vor ihnen stehen, selbst in dem Fall, daß er Dichtungen liest. Das Lesen ist zwar ein Tun, aber ein materielles Tun, das mit den Dichtungen als solchen gar nichts zu tun hat.

Belassen wir es also bei dem Gegensatz im Verhalten des Menschen in dem einen und in dem anderen Fall. Wir wollen nur dabei verweilen, was er mit den technischen Geräten macht. Als erstes springt uns jetzt folgendes ins Gesicht: In der technischen Geschäftigkeit des Menschen ist es die reine quantitative Seite, nämlich es ist die technische Beschäftigung, die mehr Zeit vom Leben des übergrößten Teils wenigstens der abendländischen und amerikanischen Menschheit für sich nimmt. Keine andere Beschäftigung kann sich mit ihr vergleichen. Die Sache scheint so zu sein, daß in irgendeinem radikalen Sinne die technische Arbeit die wichtigste für dieses „X"-Wesen ist. Nun, fragen wir uns weiter: Wie muß ein solches Wesen beschaffen sein, für das eine neue Welt zu schöpfen so wichtig ist? Die Antwort liegt nahe: Ein Wesen, das *nicht* zu dieser und in diese spontane und eigentliche Welt gehört. Deswegen bleibt es nicht ruhig in sie eingefügt wie

Tiere, Pflanzen und Mineralien. Die ursprüngliche Welt ist das, was wir überlieferter Weise Natur nennen. Natur gibt es selbstverständlich nicht, es handelt sich um eine *Idee*, um eine *Deutung* der eigentlichen Welt. Aber diese Idee ist noch fruchtbar für uns. So sehen wir, daß das „X"-Wesen in der Natur steckt, aber *der Natur nicht gehört*. Das ist aber absonderlich genug. Wie kann ein Wesen, das ein Teil der Natur ist, ihr trotzdem nicht gehören? Als zur Natur gehörig verstehen wir alles, was zu dieser Natur im positiven Verhältnis steht, und das ist ..., ich will sagen, daß diese Idee eine homogene Struktur hat oder, als Lappalie ausgedrückt, alles, was natürlich ist. Es scheint uns aber das „X"-Wesen als ein unnatürliches vorzuschweben, da es, der Natur eingeboren, ihr dennoch fremd bleibt.

Diese doppelte Situation, ein Teil der Natur zu sein und ihr doch fremd gegenüberzustehen – eben der Mensch – kann nur geschehen durch eine *Entfremdung*. Also dieses Wesen, eben der Mensch, ist nicht nur der Natur fremd, sondern ist von einer Entfremdung ausgegangen. Vom Blickpunkt der Natur gesehen: Entfremdung kann nur bedeuten Anomalität in negativem behavioristischen Sinne, d.h. Krankheit, Zerstörung der natürlichen Regulierung eines solchen Wesens. Solche Zerstörungen sind äußerst häufig in der Natur, aber so, daß die kranken, verregulierten Wesen sterben, verschwinden. Sie können nicht Wirklichkeit bleiben, weil sie unmöglich sind, und die überlieferte Ontologie behauptet – und es ist eine ihrer niemals angezweifelten Behauptungen, ob mit Recht oder nicht, wollen wir ein bißchen später sehen –, daß das Wirkliche möglich sein muß. So sind wir, ohne sie gesucht zu haben, in die tiefsten Tiefen der Philosophie gefallen, weil vielleicht das tiefste Rätsel der Philosophie hinter dem Verhältnis von Möglichkeit und Wirklichkeit steckt, wie der unsterbliche Leibniz uns gelehrt hat. Jetzt haben wir vor uns die Aufgabe, ein Wesen zu finden, das, vom Blickpunkt der Natur gesehen, krank geworden, aber nicht gestorben ist, sondern als krank weiterzuleben versucht und das zeitweilig wenigstens – dieses „zeitweilig" bedeutet die Millionen Jahre, die der Mensch anscheinend überdauert hat – erreicht hat. Als krank ist er naturunmöglich, aber soweit er da ist, gilt er trotzdem als wirklich, obwohl zur selben Zeit unnatürlich. Da hätten wir das wunderbare Phänomen von etwas, das zwar unmöglich, aber dessen ungeachtet wirklich ist, was der ganzen philosophischen Überlieferung tüchtig entgegenarbeitet. Die Sache ist so schroff geworden, daß wir uns an der Grenze des begrifflichen

Denkens angelangt fühlen. Andererseits kennen wir nicht genügend Tatsachen über den Ursprung des Menschen. Also wir können uns nicht dessen bedienen, was man die reine Vernunft, die Vernunft der Mathematiker und Physiker nannte, wohl aber dessen, wie ich es nenne und was für mich das Neue und das Wichtigste für den heutigen Menschen ist: der *geschichtlichen* Vernunft. Das heißt eben das, was bis jetzt die Unvernunft genannt wurde.• In einem solchen Fall ging Plato, mit tiefem Bewußtsein von dem Sinn, den das hatte, zum Mythus.

Lebhafte Bewegung

Die Vorbereitung meines Vortrages ist jetzt zu Ende, und nun muß ich ganz frei schwimmen.• Natürlich, Sie sind verantwortlich, wenn ich schiffbrüchig würde und ertrinken würde.

Lachen, Beifall

Sprechen wir nun von dem Mythus, der *hinter der Technik steht*. Das Tier, das zum ersten Menschen wurde, wohnte, wie es scheint – diese Tatsache ist ziemlich bekannt – auf Bäumen, es war ein Bäume-Einwohner. Deshalb ist sein Fuß so geformt, daß er, um auf der Erde zu schreiten, nicht genügend gut, sondern eher zum Klettern gestaltet ist. Als Bäume-Einwohner wohnte es über Sümpfen voller epidemischer Krankheiten. Wir wollen uns einbilden – ich erzähle nur einen Mythus –, daß diese Spezies an Malaria oder anderem krank wurde, aber nicht starb. Die Spezies blieb intoxikiert, und diese Intoxikation brachte eine Hypertrophie der Gehirnorgane mit sich.• Diese Hypertrophie der Gehirnorgane brachte wieder eine Gehirninterfunktion mit sich, und da steckt alles. Wie Sie wissen, haben die höheren Tiere vor dem Menschen, wie es inzwischen bewiesen ist, Verstand genug, leider aber haben sie fast kein Gedächtnis oder, was dasselbe ist, keine Phantasie, die genau so wie das Gedächtnis, einmal produktiv und einmal unproduktiv ist. Die kleinen Schimpansen zum Beispiel vergessen sofort, was ihnen geschehen ist, obgleich sie ziemlich intelligent sind; ungefähr wie viele Menschen, wenn sie kein Material für ihren Verstand vor sich haben und daher natürlich eine Sache nicht weitertreiben können. Nun, dieses Tier aber, das zum ersten Menschen wurde, hat plötzlich einen enormen Reichtum von imaginären Bildern in sich gefunden. Er war natürlich verrückt,• voll von Phantasie, die kein anderes Tier jemals gehabt hat, und das bedeutet, daß er der Umwelt gegenüber der einzige war, der eine *innere* Welt in sich fand. Er hat ein Inneres, ein Drinnen, was die anderen Tiere keinesfalls haben können. Und das brachte das wunderbarste Phänomen mit sich, welches unmöglich rein zoologisch erklärt werden kann, weil es das Umgekehrteste ist,

Lachen

Lachen

was man sich von der natürlichen Richtung der Aufmerksamkeit bei den Tieren denken kann. Die Tiere haben ihre Aufmerksamkeit – das merkt man ganz leicht, wenn man zum Käfig der Affen im Zoologischen Garten geht – ganz auf die äußere Welt, auf die Umgebung, gerichtet, weil diese Umwelt für sie ein Horizont voller Gefahren und Furchtbarkeiten ist. Aber als dieses Tier, das zum ersten Menschen wurde, einen solchen Reichtum an inneren Gebilden fand, machte also die Richtung seiner Aufmerksamkeit die größte, die pathetische Drehung von außen nach innen. Er fing an, auf sein Inneres aufzumerken, also er kam *in sich hinein*, er war das erste Tier, das sich drinnen in sich fand, und dieses Tier, das zu sich selbst eingetreten ist, ist der Mensch.
Aber wir wollen diese Erzählung, diese pathetische Erzählung, noch weiterführen. Dieses Wesen fand sich vor zwei verschiedenen Repertoiren von Entwürfen, von Vorsätzen. Die anderen Tiere hatten keine Schwierigkeiten, weil sie nur die *instinktiven* Vorsätze und Entwürfe in sich fanden, die sich mechanisch auswirkten. Aber dieses Wesen fand sich zuerst vor diesen zwei ganz verschiedenen Entwürfen, vor den instinktiven, die es noch in sich fühlte, und vor den phantastischen, und deswegen mußte es *auswählen, auslesen*.
Da haben Sie dieses Tier! Der Mensch wird von Anfang an wesentlich ein *auswählendes* Tier sein müssen. Nun, die Lateiner nannten wählen, auswählen, auslesen: „eligere"; den, der das tut, nannten sie „eligens" oder „elegens" oder „elegans". Der Elegant ist einfach der, der auswählt und gut auswählt. Also der Mensch hat von vornherein eine elegante Bestimmung, er muß elegant sein.• Aber noch weiter. Der Lateiner fand – wie es üblich ist, in fast allen Sprachen – nach einer gewissen Zeit das Wort „elegans" und die Tat des „Elegants", die „elegantia", etwas verschwommen, und da mußten sie die Sache noch akuter machen, und dann sagten sie intellegans, intelle gentia, intelligent. Ich weiß nicht, ob die Sprachforscher gegen diese letzte ethymologische Bestimmung• etwas haben. Aber es ist nur einem reinen Zufall zuzuschreiben, daß das Wort „intellegantia" nicht ganz genau so wie intellegentia, wie es lateinisch heißt, gebraucht worden ist. Also der Mensch ist intelligent in den Fällen, wo er es ist,• weil er auswählen muß. Und weil er auswählen muß, *muß* er frei werden. Von da kommt diese famose *Freiheit des Menschen*, diese schreckliche Freiheit des Menschen, die auch das höchste Privilegium am Menschen ist. Er wird nur frei, weil er auswählen

Lachen, Beifall

Lachen

Lachen, Beifall

137

mußte, und das kam, weil er eine so reiche Phantasie hat, so viele tolle imaginäre Bilder in sich fand. Zweifellos, meine Damen und Herren, wir sind Söhne der Phantasie. Nun, alles was man denken nennt, vom psychologischen, extrem psychologischen Standpunkt aus, ist reine Phantasie. Gibt es etwas Phantastischeres als den mathematischen Punkt oder die gerade Linie? Kein Dichter hat je etwas gesagt, was so phantastisch sein könnte. Alles Denken ist Phantasie, und die Weltgeschichte ist der Versuch, die Phantasie zu zähmen, nach und nach, in verschiedenen Formen. Das aber brachte mit sich, daß die Wünsche des Menschen, alles, was nicht spezifisch möglich ist, eben nichts zu tun haben mit den Instinkten, mit der Natur, sondern nur tolle Wünsche sind. Zum Beispiel wünschen wir gerecht zu werden, aber wir können es nicht, nur in ganz leichter Annäherung. Wir müßten *erkennen* können!

Nun, Jahrtausende um Jahrtausende hat der Mensch gearbeitet, um zu erkennen, und er ist nur zu ganz kleinen Erkenntnissen gekommen. Auch etwas Unmögliches! Das ist unser Privilegium, und das ist unsere dramatische Bestimmung. Deswegen vor allem fühlt der Mensch, daß gerade das, was er am tiefsten wünscht, derart unmöglich ist, daß er sich deswegen unglückselig fühlt. Die Tiere kennen die Unglückseligkeit nicht, aber der Mensch tut eben alles gegen seinen Wunsch, glücklich zu werden. Der Mensch ist wesentlich unzufrieden, und das – die Unzufriedenheit – ist das Höchste, was der Mensch hat, eben weil es sich um eine Unzufriedenheit handelt, weil er Dinge haben will, die er niemals gehabt hat. Deswegen pflege ich zu sagen, daß diese Unzufriedenheit wie eine Liebe ohne Geliebte ist oder wie ein Schmerz, den wir in Gliedern fühlen, die wir niemals gehabt haben.• Es scheint uns also der Mensch als das verunglückte Tier, insoweit er Mensch ist. Deswegen ist er der Welt nicht angepaßt, deswegen gehört er nicht zur Welt, deswegen braucht er eine neue Welt, die diese Herren um uns schöpfen wollen• und vielleicht nach und nach können.• Nun, wie Sie wissen, die erste große neue Theorie – nach der Darwinschen – über die biologische Entwicklung ist die von dem großen Biologen Goldschmidt. Nun, seine Doktrin besteht darin, daß er behauptet, die Entwicklung sei fortgeschritten, weil gewisse Individuen einer Spezies Fehler oder Mängel hatten und somit dem Milieu, wie es damals war, nicht angepaßt waren; aber eines guten Tages verwandelte sich dieses Milieu, und dadurch waren gerade diese fehlerhaften Individuen plötzlich der neuen Umgebung angepaßt. Diese Tiere

Beifall

Lachen
Beifall

als Individuen jener Spezies sind formell Monstren. Aber, wie Goldschmidt sagt, waren es am Ende geglückte Monstren.
Nun, was gibt uns diese Erzählung, dieses Märchen? Dieser Mythus gibt uns einen Sieg über die Technik: sie will uns eine neue Welt schaffen, weil die eigentliche Welt für uns nicht paßt, weil wir an dieser Welt krank geworden sind. Diese neue Welt der Technik also ist wie ein riesiger orthopädischer Apparat, den Sie schaffen wollen, und die ganze Technik hat diese wunderbare, aber – wie alles beim Menschen – dramatische Bewegung und Qualität, eine fabelhafte, große Orthopädie zu sein.• *Beifall*

BARTNING:
Ja, meine Damen und Herren, also schauen wir uns in der orthopädischen Anstalt um.• Ich glaube, es wird sich im Laufe des *Lachen* Nachmittags besser einfügen, als wir vielleicht im Augenblick denken, wenn wir nun zu unserem Nachmittagsthema übergehen, zu der geistigen und leiblichen Heimatlosigkeit des Menschen, die ja schließlich auch offensichtlich einer Unzufriedenheit entspringt, die nicht erfüllt werden kann und dadurch eben der große Antrieb auch zum Bauen ist. An diesem Punkt möchte ich nun unseren Freund aus Wien, den Herrn Architekten Schuster, bitten, daß er das uns sagt, was er uns zu sagen sich vorgenommen hat.

PROFESSOR FRANZ SCHUSTER, WIEN:
• Ich habe es sehr schwer, nach diesen Ausführungen wieder *Beifall* den Boden mit Ihnen zu finden. Es wurde mir erlaubt, das, was ich dieser Tage zu den Themen der Diskussion gedacht und kurz niedergeschrieben habe, zu lesen. • Mir wurde erlaubt, das, was *Zuruf: Lauter!* ich dachte zu unseren Themen, zu lesen, weil ich sonst ins Uferlose käme, wenn das nicht gebunden wäre an geschriebene Worte, was ich zur Erweiterung der Diskussion vortragen möchte.
Die Themen, um die es geht, heißen: *„Die 'bauliche' Bewältigung unseres Lebensraumes"*, es heißt „die architektonische", und *„Der Anteil 'des künstlerischen Gestaltens' an der Überwindung der Heimatlosigkeit"*. Eigentlich heißt es „Der Anteil der Baukunst". Mit diesen zwei Veränderungen des Titels möchte ich auch die Diskussion erweitern.
Eine systematische Grundlagenforschung im Sinne einer raumordnenden Landesplanung hat sozusagen wissenschaftlich bestätigt, daß z.B. in einer kleinen Ortschaft in den Alpen die Bauern gerade dort die Felder, die Weiden und den Wald haben, wo die

besten geologischen, klimatischen, bodenmäßigen Verhältnisse dafür da sind, daß die Heuhütten, die bäuerlichen Anwesen an Stellen stehen, wo sie einer sinnvollen Nutzung des Bodens am besten entsprechen, und sie sind so angeordnet, daß sie zur Sonne, zum Wind, zur Straße, zueinander und zur engeren und weiteren Umgebung in richtiger Beziehung sind. Die bäuerlichen Menschen erwirkten diese sinnvolle Ordnung ihres Lebensraumes, weil sie durch Jahrhunderte mit ihrem Tun und Denken im Einklang mit der Natur standen, mit der sie zutiefst verwurzelt waren. Diese Einheit von Menschenwerk und Naturwirken stellen wir heute messend und analysierend mit Solarmetern und zahllosen anderen Instrumenten und umfangreichem technischem Spezialwissen fest, aber zugleich, verblendet von unserem technischen Können, haben wir uns angemaßt, seit 100 Jahren einseitig nach unserem Willen die Natur zu beherrschen und sie scheinbar zu bezwingen. Auf dem bisher beschrittenen Weg haben wir jedoch die naturhafte Verbundenheit unserer Vorfahren gegen Auflösung, Zerstörung und Chaos bis zur Zertrümmerung der Atome eingetauscht, an denen wir zugrunde zu gehen drohen, nicht nur physisch, sondern auch seelisch und geistig.• *Beifall* Wir haben damit unseren Lebensraum, unsere Landschaften, Dörfer, Städte, Häuser, Arbeitsstätten und Wohnungen, die bis vor 100 Jahren noch im allgemeinen in einer gleichsam organischen Beziehung zueinander standen, in größte Unordnung gebracht. Wir haben unsere Wälder naturwidrig geholzt, unsere Flüsse und Bäche schlecht reguliert. Wir bauen unsere Fabriken, Siedlungen und Häuser an falschen Stellen. Unsere Ortschaften werden immer häßlicher, und das Leben der meisten Menschen in der ganzen Welt ist gleichsam menschenunwürdig geworden.• *Unruhe*

Wir haben es auf einzelnen Gebieten sehr weit gebracht und Bewundernswertes geschaffen. Aber im ganzen sind wir in höchster Not und Verwirrung. Woran liegt das, und was müssen wir tun, um diesen uns alle bedrückenden Zustand zu überwinden? Es liegt dies in der Hauptsache daran, daß der einzelne im Verlauf der Menschheitsentwicklung sich immer mehr innerlich aus der Gemeinschaft im weitesten Sinne gelöst hat; von vereinzelten meist äußerlichen und von der Not aufgezwungenen Versuchen neuer Bindungen abgesehen, ist jeder heute eigentlich ganz auf sich allein gestellt. Das gilt auch für Menschengruppen und Völker. Wenn man heute bei dieser verzweiflungsvollen Isoliertheit in Verhandlungen eintritt, so geht es immer nur darum, für sich, seine Gruppe oder sein Volk das Höchstmögliche an Nutzen herauszuholen, an nur materiellen und wirtschaftlichen Vorteilen, und der die größere Macht, die größere äußere Macht hat, sucht zugleich auch seine spezielle geistige Haltung dem anderen aufzuzwingen. Es geht also immer dem einzelnen speziell um sich und nie auch um das Ergebnis für den anderen und dessen Art. Bei dieser Gestaltung unseres Lebensraumes, die hier im besonderen zur Diskussion steht, der in seiner Erscheinung ja nur die innere Haltung des Menschen zum Nächsten, zu den Dingen und zur Welt spiegelt, äußert sich dies darin, daß jeder baut oder bauen möchte, wo und wie es ihm am besten passen würde, ohne Rücksicht auf den Nachbarn, die Straße, die Ortschaft und Landschaft, auf die mannigfaltigen gegenseitigen Beziehungen und Abhängigkeiten, weil er sie nicht mehr kennt oder überhaupt leugnet. Die bauliche Gesamtheit in unserer Welt, vor allem dort, wo sich unser Zeitdenken und Wollen am lebendigsten und daher umwälzendsten auswirkt, ist so sichtbar chaotisch und trostlos, daß es sich in diesem Kreise erübrigt, dies noch näher auszuführen. Man kann fast sagen, daß überall, wo das 19. Jahrhundert und unseres wirksam wurden, die Einheit zwischen Natur und Menschenwerk gestört ist und im wesentlichen die Welt nur häßlicher geworden ist. An diesem Gesamtzustand hat nichts geändert, daß gelegentlich da und dort hervorragende Bauwerke und schöne Einzeldinge geschaffen wurden. Sie stehen genau so isoliert in ihrer Umgebung, wie die künstlerische Auffassung ihrer Schöpfer im allgemeinen Zeitenleben und Zeitempfinden vereinzelt ist. Am stärksten drückt sich dieser allgemeine Zustand in der Beziehungslosigkeit aus, in der die Menschen, die meisten Menschen, wenn sie sich ehrlich prüfen, meist zu ihrer engeren und weiteren Umgebung, zu den Mitmenschen und den Dingen stehen, die sie aber doch in ihrem Denken und Tun bestimmen. Sie schützen sich gegen ihre störende Aggression durch Abdämpfen ihrer Sinne. Aber wenn sie einmal aus dieser Dumpfheit aufschrecken, so überfällt sie das bittere Gefühl trostloser Einsamkeit. Sie fühlen sich nirgends auf dieser Welt mehr geborgen, nirgends im tieferen Sinne beheimatet. Die Häufung der Selbstmorde, der Scheidungen, das gleichgültige Nebeneinander in manchen Ehen und in vielen Familien, die Verwahrlosung der Sitten und vieles andere Menschen-Unglück sind die Folgen davon. Diese Heimatlosigkeit kann nicht durch Werke der Baukunst, die da und dort gelegentlich errichtet werden, behoben werden. Es wird uns die durchgreifende

Verschönerung unserer Umwelt, die kulturvolle Gestaltung aller Dinge, die uns umgeben – denn darauf kommt es nämlich dabei an – überhaupt nicht gelingen, wenn nicht in den Menschen selbst

Beifall eine tiefgreifende Wandlung ihrer Beziehungen• zur Welt, zu den Menschen und zu den Dingen eintritt. Der Architekt, der mehr will, als daß sein Bauwerk in den Kunstzeitschriften veröffentlicht wird, der Stadtplaner, der seine Raumordnung, Gedanken und Pläne vom toten Papier weg verwirklicht sehen möchte, hat längst bitter erkennen müssen, wie allein er oder seine Gruppe dasteht, daß alles Fragment und wirkungslos bleibt, ja, daß sogar das Unzulängliche noch gefördert wird, wenn nicht viele Menschen, nicht immer weitere Kreise der Bevölkerung bis zum einfachen Mann im Kleingarten am Stadtrand, erkennen, daß an die Stelle des Chaos und der widerstreitenden Vereinzelung die Achtung und Ehrfurcht vor der Fülle der Beziehungen und Wechselwirkungen treten muß, die, vernünftig aufeinander abgestimmt, jene allgemein gültige und notwendige einheitliche Haltung hervorrufen, die die Voraussetzung einer einheitlichen und damit kulturell erst bedeutsamen Gestaltung unserer Umwelt gibt. Unsere Not kann nur die gegenseitige Ehrfurcht wenden vor dem, was in uns, um

Beifall uns und über uns ist.• Sie wird wieder jene Bindung an den Nächsten, an das Volk, an die Gemeinschaft, die Menschheit und das Unnennbare bringen, die die hoffnungslose Vereinzelung, die Heimatlosigkeit der Menschen wird überwinden helfen. Heimatlosigkeit ist Bindungslosigkeit. Zur Gesundung der Welt brauchen wir aber mehr als die enge, egoistische Gebundenheit an einen einzelnen Menschen, an ein Ding, ein Haus, an einen vereinzelten Ort, an eine besondere Landschaft oder ein besonderes Land. Zum elendsten Großstadtviertel, zur häßlichsten Wohnung kann man Heimatgefühle haben, zum schlimmsten Bösewicht Verbundenheitsgefühle. Diese Bindungen enger, subjektiver Art sind oft stark und verlockend. Sie führen aber doch wieder zur feindseligen Vereinzelung. So ist auch der gestaltende Künstler heute oft zu sehr im Subjektiven befangen. Er sieht nur sein Werk, seine Aufgabe, seinen Ruhm. Die dringendste Aufgabe des künstlerischen Menschen ist heute aber, vom Subjektiven, vom Trennenden weg

Beifall zum Objektiven vorzustoßen.•

Beifall Wer heute nur sich und sein Werk alleine sieht, ist im Geist des 19. Jahrhunderts befangen.• Auch wenn er seine Bauten in Platten, Stützen und Glas auflöst. Es geht noch um anderes und mehr. Es geht um die Überwindung jener subjektiv formalistischen, nur einfach erscheinenden, aber einseitig ästhetischen Formenwelt, die nur einem kleinen Kreis zugänglich ist, und um die Gewinnung jener allgemein gültigen, elementaren, klaren und wahrhaft einfachen Formenwelt, die die Grundlage einer umfassenden, allgemein verständlichen, einheitlichen Haltung unserer gesamten Umwelt sein kann, die allein die Bezeichnung einer zeitgemäßen Baukultur verdient.• Dazu gehört höchst objektive Haltung und Erkenntnis. Nur dann wird es möglich sein, die widerstreitenden Auffassungen, die Ursache der Verunstaltung unserer Orte und Landschaften sind und damit der Entwurzelung unseres Zusammengehörigkeits- und Heimatgefühls Vorschub leisten, zu läutern. Man kann sich nicht auf Corbusier, Frank Lloyd Wright oder Neutra zugleich einigen. Diese sind bedeutende, aber durch Widerspruch anregende Einzelgänger, aber sie nachzuahmen ist schwächlich, da sie nur in ihren subjektiven Änderungen von der allgemeinen großen Linie, der das Bauen in der Welt auf jeden Fall zustrebt, abweichen. Die große objektive Haltung, die ein Ergebnis der Überwindung von Willkür und Vereinzelung ist, wird sich sowohl von oben wie von unten her durchsetzen. Sie ist nur aus einer gleichen inneren Haltung heraus möglich und kann nicht künstlich aufgezwungen werden. Für sie aber unbeirrbar einzutreten, ist Aufgabe der schöpferischen Menschen unserer Zeit, die in ernster Entsagung sich vom willkürlich Subjektiven zum allgemein Objektiven durchgerungen haben, denn dadurch werden sie erst wahrhaft Mit-Gestalter am Aufbau einer neuen Welt, in der die Isolierung und die damit verbundene Heimatlosigkeit allmählich überwunden werden kann.

In diesem Sinne sei an Goethes Ausspruch zu Eckermann 1826, also im ersten Viertel des eben so charakterisierten 19. Jahrhunderts, erinnert: „Alle im Rückschreiten und in der Auflösung begriffenen Epochen sind subjektiv, dagegen haben alle vorschreitenden Epochen eine objektive Richtung. Unsere ganze jetzige Zeit ist eine rückschreitende, denn sie ist eine subjektive. Dieses sehen Sie nicht bloß an der Poesie, sondern auch an der Malerei und vielem anderen. Jedes tüchtige Bestreben dagegen wendet sich aus dem Inneren hinaus auf die Welt, wie Sie an allen großen Epochen sehen, die wirklich im Streben und Vorschreiten begriffen und alle objektiver Natur waren."

Wir müssen daher unser Ziel ebenfalls aufs Ganze richten und alle Menschen zu erfassen suchen. Man wird nur vereinzelt der Überwindung dieser Heimatlosigkeit näherkommen, an der wir

Beifall

alle durch die Erschütterungen einfacher und wahrhafter Beziehungen zum Nächsten, zur Gemeinschaft und zum Unnennbaren leiden, wenn man da oder dort besondere Bezirke der Zusammengehörigkeit, der Besinnung in unseren Städten und Siedlungen schafft. Eine kleine Gruppe aus der großen Gemeinschaft mag dort Sammlung und Erhebung finden, und wo die äußeren und inneren Voraussetzungen dafür gegeben sind, muß man diesen Versuch wagen, denn jedes Bemühen, die Menschen aus ihrer Isolierung zu lösen, ist wertvoll und wichtig. Es wird dies aber allumfassend wahrscheinlich vorerst immer noch wirksamer über den Alltag statt über den Feiertag bewirkt werden. Das Feiertägliche ist viel zu sehr durch die geistig seelische Entwicklung der Menschheit in den letzten 100 Jahren der persönlichsten Betrachtung und Haltung ausgesetzt, als daß es gelingen könnte, alle dabei einheitlich zusammenzuführen, um das es aber geht. Wenn es daher gelingt, den Alltag für alle Menschen wieder sinnvoll und schön zu gestalten, dann haben wir auch für das Höhere, das seelisch Geistige wertvollste Vorarbeit geleistet. Es handelt sich daher auch in erster Linie nicht darum, da oder dort ein bedeutendes Bauwerk allein zu errichten, sondern unsere ganze Umwelt, die im Laufe der vergangenen 100 Jahre und mehr in die häßlichste Unordnung geraten ist, wieder in sinnvolle Ordnung zu bringen. Wenn man bei dieser großen Aufgabe überhaupt von Kunst und nicht, arbeitlich umfassender, von schöpferischer Gestaltung sprechen will, so handelt es sich dabei nicht um die Baukunst schlechthin, sondern um die Stadtbaukunst, ja, noch mehr, um die sinnvolle, menschenwürdige Ordnung, Um- und Neugestaltung unserer Lebensräume überhaupt in Stadt und Land. Es geht weit über den Bereich des Baukünstlers hinaus.
Es würde zu weit führen, alle jene engen und weitläufigen Verflechtungen unseres Lebens und Wirtschaftens aufzuzählen, die eine Ordnung unseres Lebensraumes bestimmen. Eine Unzahl von speziellen Anforderungen ist dabei zu bedenken. Sie waren bisher in der Regel nebeneinander und für sich allein bedacht worden und haben so das Chaos verursacht, da das natürliche Empfinden für notwendige Bindungen und Abhängigkeiten abhanden kam. Nun müssen wir sie bewußt aufeinander abstimmen, alle Beziehungen zueinander und zum Ganzen gerecht abwägen, die Einzelforderungen im rechten Maß und am rechten Ort einbauen und erfüllen. Das ist nur einer objektiven Betrachtung und einer objektiven Persönlichkeit möglich. Es ist dafür eine schöpferische

Schau notwendig, die das Einzelne und das Ganze gleich achtet und ernst nimmt. Es ist dies eine wahrhaft künstlerische Gestaltungsaufgabe, allerdings eines Künstlertums ohne Eitelkeit und Ichsucht, eines verstehenden Menschtums,• das Ehrfurcht vor dem Kleinsten und Geringsten wie vor dem Höchsten zugleich hat. So ist es nicht der subjektive Künstler und Mensch des 19. Jahrhunderts, den die kommenden Zeiten in erster Linie brauchen, sondern der, der die widerstrebenden Extreme unserer Zeit, eigensüchtiges Persönlichkeitswollen und rücksichtslosen Gemeinschaftszwang, zu einer ausgeglichenen Gesamthaltung zu vergeistigen vermag.• Auch hier ist eine extreme Einzellösung Vernichtung und Chaos. Menschliche Bedrängnis und Verlust der Geborgenheit ist Heimatlosigkeit. So ist das Ziel zu ihrer Überwindung jene objektive und zugleich aber differenzierte Welt, in der der einzelne und jedes Ding den ihm zugehörigen Platz im Ganzen findet, mit der Möglichkeit der reichsten Entfaltung seiner Eigenart, allerdings nicht zum Selbstzweck und egoistischen Nutzen, sondern im Dienst an einem gestuften, immer höheren Ganzen, sich in ihm erfüllend und von ihm dann erst richtig gefördert und erhoben. Das tüchtige Streben der Persönlichkeit ist auf ein Objektives gerichtet. Dieses Bild einer gestuften Ordnung aller Beziehungen,• Bindungen und Wirksamkeiten• gilt auch für die Gestaltung unserer Umwelt, für die Wohnung, den Garten, das Haus, die Straße, den Ort und seine Umgebung und die Landschaft. Es gilt aber auch für die menschliche Gemeinschaft. Das Thema unserer Diskussionen „Die Gestaltung unseres Lebensraumes" und „Die Überwindung der Heimatlosigkeit" ist damit aus der engen Aufgabe des Baukünstlers, des Architekten, herausgehoben.• Er wird dabei nur dann bedeutsam, wenn seine spezielle Fähigkeit und Leistung im obigen Sinne eingesetzt wird. Er gilt hier nur als Repräsentant aller umweltgestaltenden Berufe, aller gestaltenden Berufe überhaupt. Sie müssen sich am rechten Ort und in der rechten Art und Weise zu einem höheren, gemeinsameren Tun zusammenfinden.

Es sei mir gestattet, abschließend dafür noch ein anderes Gleichnis zu geben. Es ist sehr kurz, aus meinem kleinen Buch „Der Stil unserer Zeit": „Je mehr durch den Weltverkehr und die Weltwirtschaft die äußere Lebensführung der Menschen die gleiche wird, je mehr die allgemeinen Umgangsformen und Sitten einander ähnlich werden und je mehr sich die Unterschiede in der allgemeinen Bildung verwischen, um so wichtiger wird es, die Eigenart

Beifall

Beifall

Trampeln

Zwischenrufe

der Völkerfamilie, des Volkes und der Einzelpersönlichkeit zu erhalten und zu pflegen, durch die sie ihren besonderen und wertvollen Beitrag zu der großen Menschheitsentwicklung leisten können. Es ist daher kein erstrebenswertes Ziel der Erziehung, alle Menschen gleich zu machen, aber es muß ihr Ziel und ihre Aufgabe sein, diese naturgegebenen Unterschiede nicht gegeneinander auszuspielen. Die einen dürfen mit ihren besonderen Fähigkeiten *Unruhe* nicht die anderen unterdrücken oder gar vernichten,• sondern mässen sie, je entschiedener und wertvoller sie sind, desto mehr und an besonderer Stelle für das Ganze einsetzen. Je bedeutender ein Orchester ist, desto bedeutendere und hervorragendere Könner *Unruhe* ihrer Instrumente werden hinter den einzelnen Pulten sitzen.• Was jeder von diesen Könnern zeigt, in dem Begabung, Studium und Übung vereint sind, hängt nicht von ihm ab. Frei war die Wahl, sich an das Pult zu setzen; nach einem Plan, der selbst nach den strengsten Ordnungen und Regeln entstand, durch die *Trampeln,* die freieste aller Künste, die Musik, allen anderen Vorbild ist, *Unruhe* wird jeder sich in seinem Wirken dem Sinne des Ganzen fügen.• *Beifall* So mannigfaltig und grundverschieden nun die einzelnen ihrer Instrumente in ihrem Klang und Ausdruck auch sein mögen, es ist die Voraussetzung für die Idee und die Vollkommenheit des großen Planes. Jeder für sich vollendet, jedes an seinem Platz, keines etwas ohne das andere. So ist dies auch ein Gleichnis für *Unruhe,* die richtige Gestaltung unserer Umwelt, für das Zusammenwirken• *Trampeln* aller wertvollen und willigen Menschen, wenn sie die Erde zu ihrer glücklichen, schöneren und guten Wohnung machen wol- *Beifall* len."•

Unruhe steht am linken Rand neben den jeweiligen Absätzen.

BARTNING:
Lieber Herr Schuster, Ihre Ausführungen hatten den außerordentlichen Vorzug einer ganz klaren Fixierung Ihrer Persönlichkeit, Ihres Standpunktes und der daraus erwachsenden Postulate. Ich glaube zu spüren, daß dazu manche Antwort, manche Ergänzung und wahrscheinlich auch mancher Widerspruch zu erheben ist, und möchte diese Erwiderungen nun ablaufen lassen.

SCHUSTER:
Es war meine Aufgabe, zur Diskussion etwas zu sagen.

BARTNING:
Richtig, und dafür sind wir Ihnen dankbar. Herr Dr. Sternberger aus Frankfurt wird in dieser Sache sich einsetzen.

DR. DOLF STERNBERGER, FRANKFURT:
Meine Damen und Herren! Es scheint nun, daß wir bunte Reihe machen in der Abfolge dieses Gesprächs, und zwar in verschiedenem Sinne: einmal in dem Sinn, daß die Denker und die Gestalter einander ablösen – ich könnte auch nach dem amüsanten Disput von heute morgen mich variieren und sagen: die Zerdenker und die Zerstalter – der Deutlichkeit wegen in diesem Falle würde ich mich zu der Sorte der Zerdenker rechnen –, aber außerdem noch in einem anderen Sinne bunte Reihe. Sie haben sicher alle bemerkt, was für ein außerordentlicher Gegensatz zwischen den beiden gewichtigen philosophischen Äußerungen dieses Tages bestand. Sie haben heute morgen einen Philosophen gehört, der die These aufgestellt hat: „Wir bauen, weil wir wohnen". Ich drücke es natürlich viel zu banal aus. Das Wohnen liegt jedenfalls nach dieser These vor dem Bauen. Und wir haben heute nachmittag einen Philosophen gehört, der, wiederum auf einen kurzen Aphorismus gebracht, gesagt hat: „Wir bauen, weil wir unzufrieden sind, wesentlich unzufrieden sind." Wir bauen also eigentlich, weil wir es nicht wohnlich finden. Etwas energischer, oder etwas pathetischer, wenn Sie wollen, könnte man den Gegensatz auch so ausdrücken: Der eine, die einen – es ist zweifellos eine Gruppe – denken an die Möglichkeit des Menschen, in einem Paradiese zu leben, in einem ontologischen Paradies sinnhafter Ordnung, in einem ontologischen Paradies mit aller ihm auch zugehörigen Gemütlichkeit, mit der Ur-Gemütlichkeit des Paradieses.• Die anderen denken daran und vergessen nicht, daß die Erde dieser Garten Eden *nicht* ist oder zumindest, daß wir wirklichen Menschen aus diesem Garten Eden eines berühmten Tages verjagt worden sind. Und auch da will ich das Bekenntnis nicht auslassen: Ich gehöre zu der letzteren Gruppe, die von der Tatsache der Verjagung aus dem Paradies ausgeht und also auch von der These, daß die Erde von Haus aus – ich will nicht gerade sagen absolut unwohnlich, aber jedenfalls nicht wohnlich genug sei. Nun, wir haben gerade eben gehört, welche Wege oder was für eine Vision die Überwindung der Heimatlosigkeit ... entschuldigen Sie, wenn ich mich unterbreche ...

Heiterkeit

Es ist natürlich überhaupt nach dieser Voraussetzung zweifelhaft, ob die Heimatlosigkeit je wesentlich zu überwinden sei, oder ob die Heimatlosigkeit selber ein Wesenszug der Menschen sei. Das ist eigentlich das, was ich an einigen praktischeren Erwägungen

Beifall illustrieren möchte.• Wir haben nun etwas über Bindungen gehört, und ich hatte eigentlich im Sinn, – ich will das aber nur ganz kurz machen, ich muß mich entschuldigen, ich hatte mich tat-

Lachen sächlich *auch* vorbereitet,• bitte also, diesen Umstand mit einiger Geduld zu berücksichtigen; ich habe mich aber auch insofern vorbereitet, als ich eine Uhr mitgebracht habe – ich hatte eigentlich im Sinn, diese Tendenz der Bindung, die Überwindung der Heimatlosigkeit durch Bindung, an einem hier und heute sehr naheliegenden Exempel darzutun, nämlich an der Erinnerung an das, was hier vor fünfzig Jahren in die Wege geleitet worden ist, an den Stil, an den Baustil, der hier vor fünfzig Jahren, also um die Jahrhundertwende, entwickelt worden ist, und an die Idee des Hauses oder *Heims*, wie der authentische Ausdruck dieser Epoche lautet, die sich hier verwirklicht hat.

Sie kennen wahrscheinlich alle mehr oder minder das berühmte Wort von 1899 von Henry van de Velde – vielmehr es ist nicht ein Wort, sondern diese *Vision* von Henry van de Velde, der an eine Stadt der Zukunft denkt, in der jedes Haus einen eigentümlichen Charakter, eine charakteristische Ausdrucksgestalt, eine individuelle Willensform repräsentieren sollte, eine Hauspersönlichkeit sozusagen, oder noch näher, noch genauer: ein Hausorganismus. Diese Häuser hier in Darmstadt am Prinz-Christians-Weg illustrieren das in großartiger Weise. Diese Häuser gleichen eigentlich, wenn man sie genau erspürt, alle so etwa einem atmenden Körper, und es ist so ein ganz eigentümliches Verhältnis von Mensch und Raum, was sich in dieser Phase der Entwicklung der Baukunst zu realisieren versucht hat, auf seine Art in der Tat ein Versuch zur Überwindung der Heimatlosigkeit durch die Idee des Heims als Organismus, als solch eines körperhaft persönlichen Ausdruckswesens, und der Mensch sollte in diesem Heim wohnen in der Art, wie die Seele im Körper wohnt. Es ist merkwürdig, daß zwiespältiger- oder paradoxerweise, wie wir ja schon heute morgen von dem verehrten Herrn Riemerschmid und andern Sprechern in Erinnerung gerufen bekamen, diese revolutionäre Epoche den plastischen Umgang mit den technischen Mitteln ungeheuer vorangetrieben hat, und daß ihr zu gleicher Zeit doch auch ein seltsam romantischer Zug innewohnte. Es war ja so, daß diese Hausorganismen tatsächlich Schutz bieten sollten gegen den Lärm und die Wirrnis der industriellen Gesellschaft. Sie wollten inwendig blühende Inseln, Enklaven, inmitten des allgemeinen verwirrenden Verkehrs sein, fest angewurzelte Wesen, die ihrerseits keinen Teil hatten an der allgemeinen Mobilität, am allgemeinen Tausch- und Warenverkehr. Eine Sehnsucht nach absoluter Seßhaftigkeit hat sich zu verwirklichen gestrebt, ein geradezu radikaler Trieb zur Befestigung und Verwurzelung, und das ist am deutlichsten und eben auch in seiner Fragwürdigkeit am deutlichsten zu erkennen an dieser Bewegung, in die das *Mobiliar* geriet, das Inventar des Hauses, das ja sozusagen seiner Mobilität in dieser Epoche gerade beraubt wurde, so sehr als möglich beraubt wurde. Die Wände und die Böden saugen diese beweglichen Mobilien – Möbel heißt ja wohl mobil – diese beweglichen Gegenstände an sich, nicht wahr? Sie können keine Wurzel ziehen, so werden sie festgenietet oder festgeschraubt. Sie erinnern sich alle der eigentümlichen Erfindungen dieser Epoche, dieser Universalmöbel, dieser Umbaumöbel, die verschiedene Zwecke in einem organisch zusammenhängenden Gebilde vereinigen sollten, und die auch ihrerseits wieder mit der Wand oder mit dem Boden sich vereinigten. Wenn wir im 19. Jahrhundert vom Inventar sagen können, von der Fülle des Makart-Ateliers beispielsweise, daß dort ein *horror vacui* am Werke war, eine Scheu vor der Leere – es muß alles angefüllt werden mit beweglichen Gegenständen –, so haben wir hier in dieser Epoche des beginnenden 20. Jahrhunderts, wenn ich so sagen darf, einen *horror moventis*, einen horror mobilitatis, eine Scheu vor dem Beweglichen, vor dem sich Bewegenden und vor der Beweglichkeit überhaupt. Also in dieser Weise – abgekürzt gesagt – in dieser Weise ist hier Bindung zur Überwindung der Heimatlosigkeit, nämlich der Heimatlosigkeit des industriellen Zeitalters, des Verkehrs, ist hier Bindung ganz buchstäblich wahr geworden, indem tatsächlich das Bewegliche an das Feste *gebunden* wird. Es war, als sollte die Freizügigkeit mit einem Schlage abgeschafft werden. Ein Motto des 19. Jahrhunderts war das Wort „Über Land und Meer". Sie kennen diese berühmte Zeitschrift. Ein Motto des Zeitalters der Jahrhundertwende ist das Titelwort „Das Haus in der Sonne", und das ist ja auch – ganz beiläufig nur zur Erinnerung gesagt – dieselbe Epoche, in der die „Heimat"- und die „Schollen"-Kunst – mit diesem Wort – zuerst aufgekommen ist. Kurzum, um diese Erinnerungen abzuschließen: Diese eigentümliche Idee von Überwindung der Heimatlosigkeit zielt darauf, den Menschen in seinem ihm angepaßten, ihn persönlich charakteristisch ausdrückenden, ihn umfangenden Raum sozusagen ganz und endgültig bei sich selber zu Hause sein zu lassen.

Nun, das sind luxuriöse Verhältnisse, ökonomisch, sozial, von denen wir da reden, und es sind vielleicht auch luxuriöse Betrachtungen, die ich anstelle. Die Baumeister von 1951• – warten Sie bitte noch einen Moment –• die Baumeister von 1951 haben es nur noch sehr selten mit reichen Auftraggebern, namentlich mit künstlerischen reichen Auftraggebern zu tun.• Dafür um so häufiger mit den elementaren Bedürfnissen eines neuen Proletariats. Was also soll uns eigentlich diese Erinnerung an die Dinge von 1900 in einer Epoche der Zwangsverschleppungen, der Umsiedlungen, der Barackenlager, der Flüchtlinge, der Heimatvertriebenen und der Displaced Persons! In dieser Zeit, da die schöne Freizügigkeit, die in unseren Verfassungen verbürgt ist, beinahe zu einem Spott geworden ist angesichts all der Millionen von Menschen, die seit zehn Jahren unterwegs sind, aber gezwungenermaßen und durchaus wider ihren eigenen Willen, angesichts auch des Umstandes, daß so vielfach dort, wo sich Unterkunft bietet, den Gejagten sich nun wieder keine Arbeit, keine Nahrung anbietet, und wo sich Arbeit bietet, keine Wohnung. Das Bedürfnis nach Ruhe und Sicherheit ist in dieser Lage so übermächtig, daß wir sehr leicht in die Versuchung geraten können, auf Freizügigkeit, als nicht aktuell, leichten Herzens zu verzichten, und so mag sich gerade in dieser Not doch der Begriff von Heimat wiederherstellen, den wir vorhin kennengelernt haben, nämlich Heimat als der Ort der endgültigen Seßhaftigkeit des Menschen bei sich selber, die Befestigung im Heim, die Seßhaftigkeit als Verwurzelung in eigener Scholle und so fort, in wie bescheidenen Dimensionen auch immer. Aber was ich sagen möchte – Sie werden das gespürt haben – ist, vor einer solchen Wiederholung des horror moventis und des horror mobilitatis zu warnen und vor einer solchen Überschätzung der paradiesischen Bindungen zu warnen, *obwohl* dies die Epoche der Umsiedlungen, der Fluchten, der Vertreibungen ist, in der wir leider leben. Wir wollen diese Perversion der Verschleppungen und Vertreibungen nun nicht einfach ins Gegenteil verkehren, meine Damen und Herren, wir wollen nicht durch soviel grausam erzwungene Bewegung uns dazu verleiten lassen, die unbedingte Ruhe für den letzten Sinn der Heimatlichkeit auszugeben.• Bei sich selbst sein zu können und in seinem eigenen Raum, das ist auch heute immer noch nur ein Teilstück, nur eines von mehreren Elementen einer vollständigen Heimatlichkeit. Wenn ich „vollständig" sage, so meine ich nicht das in irgend einem ontologischen, sondern in einem sehr relativ menschlichen und aktuellen Sinn. Wir wollen uns auch nicht in architektonischen Planphantasien eine Art von menschlicher Pflanzengemeinschaft ausdenken oder ein in wabenartigen Stadtquartieren, Gemeinden und Nachbarschaften ruhig geordnetes, fest gebanntes, angewurzeltes, unbeweglich gewordenes Volk. Gerade die heute charakteristische Unstimmigkeit zwischen Wohnstatt oder Wohngelegenheit und Arbeitsplatz, die allen unseren Planern soviel Kopfschmerzen macht, muß aus der aktuellen Wirklichkeit heraus diese gleiche Warnung nahelegen.

Nun lassen Sie mich einen Augenblick, und damit werde ich schließen, diese mehreren Elemente der Heimatlichkeit zu skizzieren versuchen. Zur Heimat gehört mehr als der Raum zum Wohnen. Man mag sagen, das sei schon ungeheuer viel, und man solle sich glücklich preisen, wenn man ihn hat. Aber je dürftiger die Existenz des Heimatlosen, desto schärfer stellt sich gerade heraus, daß der Wohnraum ihn gar nicht selig machen kann; denn der Arbeitsplatz ist ja das mindeste, was hinzukommen muß. Das wären zwei polare und miteinander verknüpfte Elemente. Das dritte Element, das ich zur eigentlichen Heimat rechnen möchte, ist das der freien Geselligkeit, der Teilnahme am Gemeinwesen, das Element der Gesellschaft, das politische, das soziale Element. Ich brauche wohl nicht hier eigens darauf hinzuweisen, daß die Polis, das Gemeinwesen, nicht mit einem noch so wohlgemeinten *verordneten* Gemeinschaftsleben verwechselt werden darf.• Aber *Beifall* ohne dieses dritte gesellige Element würde doch der heimatgebundene Mensch nun auf eine ganz neuartige Art wieder krank werden oder verkümmern, nämlich zu einem Zellenbewohner in seiner Isolierung, sofern ihm Wohnung beschafft wird, oder zum leistungstüchtigen Arbeitstier, sofern er einen Arbeitsplatz gewinnt. Eine vollständige Überwindung der Heimatlosigkeit – wir erörtern es in Gedanken – wäre erst dann geglückt, wenn diese drei Stücke der Heimatlichkeit in ein gesundes Verhältnis zueinander gebracht würden: Wohnung, Arbeit, Gesellschaft. Sie werden mich nicht verdächtigen, meine Damen und Herren, daß ich die Aufgaben und Leistungen der Baumeister, daß ich gar ihren Beitrag zur Überwindung der Heimatlosigkeit irgend relativieren wollte. Nichts liegt mir ferner. Die praktischen Folgerungen nämlich, die sich aus dieser Tatsache von den drei Elementen ergeben mögen, und die ich selbst als ein Laie und ein verirrtes Tier in einem fremden Käfig hier natürlich nicht zu ziehen vermag, diese Folgerungen sind doch, wie mir scheint, gerade im Feld der Baumeister, der Stadt- und Landesplaner gelegen. Nur einiges wenige lassen Sie mich in der Richtung auf diese Folgerungen aussprechen. Zwei Dinge nur: vor allem müssen jene drei Elemente, dürfen diese drei Elemente keinesfalls in die Obhut einer einzigen Macht geraten. Das geschieht, wie Sie alle wissen, in dem Augenblick, wo die politische Organisation, der Staat, der Parteistaat oder auch die Gemeinde ein Monopol auf Arbeit und auf Wohnung gewinnt, also im Totalitarismus. Es gibt auch sehr freundliche Spielarten

Heiterkeit von Totalitarismus.• Das geschieht aber auch dann und auch dort, wo etwa der industrielle Betrieb eine totale Lebensfürsorge an sich zieht, indem er Werkswohnungen errichtet, Kantinen betreibt, die Unterhaltung am Feierabend besorgt und dem Phantom einer

Beifall vollständigen Werksgemeinschaft nachstrebt.•

Das ist eine andere Möglichkeit schrecklicher Vereinfachung. Die dritte Möglichkeit, die nun theoretisch möglich wäre, ausgedacht werden könnte, daß nämlich die Arbeit in die Wohnung zurückkehrt und die Gesellschaft gleichsam auf Familie und Nachbarschaft sich reduziert, ist so unwahrscheinlich und so obsolet, daß ich sie nicht zu erörtern brauche. Was wir aber deutlich erkennen sollten, ist dies: daß weder die Tendenz zu totaler Fürsorge durch den Betrieb noch auch die totale „Betreuung" durch den Staat wirkliche Heimat schaffen kann. Das entscheidende Moment der Freiheit, der eigenen Regsamkeit, das jeder Mensch braucht, wenn er sich heimatlich soll fühlen können, würde in beiden Fällen fürsorgenden Totalitarismus' ausgeschaltet und umgebracht.

Der Raum *allein* macht es nicht. Man muß sich auch darin bewegen können. Rechnet man damit, daß das auch im räumlichen, topographischen Sinne drei Stücke sind, Wohnung, Arbeit, Gesellschaft, – Pole eines heimatlichen Lebens, so sehr und so weit es unter Menschen ein heimatliches Leben geben kann: es ist „hienieden keine bleibende Statt", – rechnet man damit, sage ich, rechnet man auch damit, daß dieser soziale und politische Pol weder mit der Wohngemeinschaft noch mit der sogenannten Arbeitsgemeinschaft zusammenfällt, so folgt für die Bauplanung und für die Baumeister, wie mir scheint, unter *einer* Voraussetzung allerdings: sofern sie nämlich wirklich *Menschen* in ihre Rechnung einführen,

Beifall und das heißt eben doch *Subjekte* und gerade nicht Objekte,•

so folgt daraus, daß die Aufgabe des *Verkehrs* den gleichen Rang einnimmt wie die Aufgabe des Wohnbaues und des Werkbaues. Es gibt Länder, in denen das eigene Auto wichtiger und wohl auch häufiger ist als das eigene Haus. So weit mag ich nicht gehen. Es wäre wahrscheinlich auch zynisch, im Angesicht der wirklichen Verhältnisse bei uns so weit zu gehen. Aber ob Auto oder Motorrad oder Omnibus oder Schnellbahn, ob Straße oder Schiene, jedenfalls gehören diese Dinge nicht weniger zu einer vollständigen Überwindung der Heimatlosigkeit, nämlich zur Ermöglichung, zur Freisetzung auch der Regsamkeit und Beweglichkeit, nicht weniger als der Bau von Wohnungen und die Beschaffung von Arbeitsplätzen. *Denn* der Mensch ist *keine* Pflanze und das Haus *kein* Organismus, und um dies schärfer zu erkennen, mag sogar die luxuriöse Erinnerung an 1901 von einigem Nutzen gewesen sein.• *Beifall*

BARTNING:
Herr Dr. Sternberger, wir danken Ihnen mit dem Beifall für die Klarstellung dieser drei Komponenten der Heimat, die nicht übersehen werden dürfen. Im ganzen glaube ich, daß der Ablauf unseres Gespräches zwar kein Streit um Thesen ist – und es ist auch nicht das Ziel, daß wir am Ende dann zu einem Dogma gelangen –, sondern es besteht darin, daß von den verschiedensten Seiten das Problem angeleuchtet und abgestellt wird, so daß wir hinweggehen immerhin mit einer Einschränkung und Umstellung des Problems. Von dem Standpunkt aus möchte ich jetzt bitten, daß Herr Mäckler uns seine Auffassung von der Behebung der Heimatlosigkeit sagt.

MÄCKLER:
Meine Damen und Herren! Wir haben, ich sage das dankbar, weise Worte gehört über das Thema, das wir zu behandeln haben. Verzeihen Sie, daß ich zu jung bin, um weise zu sein, es ist vielleicht sogar unklug, auszusprechen, was auszusprechen ich mir vorgenommen habe. Ich will es dennoch tun. Ich werde mich auch kurz fassen, damit Sie nachher Zeit haben zu scharren oder zu pfeifen. Ich bitte, das en bloc am Schluß zu machen oder; was noch schöner wäre, hier heraufzukommen und mir Paroli zu bieten.• *Beifall*
Wir haben gestern und heute, oft leicht dogmatisch gefärbt, manche conditio sine qua non für die Baukunst gehört, und ich möchte

hier vorweg sagen, daß ich mich zu einem Satz, den Herr Prof. Schwarz gestern ausgesprochen hat, ausdrücklich bekenne. Es war der Satz, daß man zu dem Stofflichen und dem Technischen etwas hinzufügen müsse, damit Baukunst werde. Im übrigen aber schwöre ich präventiv allen denkbaren Häresien feierlich ab, als da sind: Materialismus, Konstruktivismus, Technizismus sowie sämtliche davon ableitbaren Ismen. Als vorsichtiger Mann werde ich mich zudem bemühen, nur historisch Belegtes in Aussage-Sätzen zu bringen, die in Frage stehenden anderen Dinge aber möglichst in Frage-Sätzen. Damit habe ich dann auch *Ihnen* etwas Verantwortung zugeschoben.

Meine Damen und Herren, das uns gestellte Thema ist das Thema par excellence für den Architekten, das Thema seines Lebens. Wie sollen wir bauen, um das Gefühl der Heimatlosigkeit zu bannen? Daß diese Frage überhaupt zu einer so weitgespannten Diskussion führen kann, zeigt doch, daß die Wissenden und Fühlenden zumindest in einem sich einig sind, in dem Verdacht nämlich, daß mit dem Bauen etwas nicht stimme, gar zu leicht ist man versucht zu sagen, *nicht mehr* stimme, und allzu leicht kommt zu diesem kleinen Wörtchen „nicht mehr" als Ergänzung, als Antwort das kleine, so bescheidene und so gefährliche Wörtchen „wieder". Ist nicht schon die Argumentation zur Formel geworden, die sich etwa so anhört: *Es war einmal, es ist nicht mehr, es muß wieder so werden,* im Politischen, im Wirtschaftlichen, im Kulturellen. Nehmen wir unser engstes Thema und setzen die Werte, die uns angehen, in diese Formel ein, so würde sie etwa so lauten: Wir hatten einmal das uns angemessene, das uns adaequate Haus, das uns das Heim war. Es ist nicht mehr so, es muß aber wieder so werden. Wenn diese Formel stimmte, wären die tastenden, suchenden, kämpfenden Männer des Neuen Bauens, angefangen mit denen, die vor 50 Jahren hier beieinander waren, bis zu manchem, der heute mit uns hier weilt, und den vielen draußen allesamt einen falschen Weg gegangen. Stimmt aber die Formel wirklich? Ich glaube, sie hat eine falsche Prämisse. Ich möchte glauben, daß die Menschen der letzten drei bis vier Generationen schon nicht mehr das Haus hatten, das ihnen angemessen war. Die Menschen dieses Zeitraumes erlebten und erleben das in rasantem Tempo um sie aufziehende technische Zeitalter. Ihr Haus aber entfernt sich dem Wesen und der Form nach von der Welt der Maschine. Die frühe Maschine, ich meine die Maschine des frühindustriellen Zeitalters, leitet ihre Formen, wo es angeht, von

der handwerklichen Umwelt ab. Sie übernimmt sie oft direkt: Denken Sie an ein Hammerwerk, das nichts war als eine vergrößerte Schmiede. Oder aber die Maschine verhüllt sich. Dampfmaschinen, Schöpfwerke, Pressen sind umbaut von gotisierenden oder antikisierenden Säulen und Gitterwerken: Delphine sind insgeheim Zylinder, schwebende Jungfrauen, schwebende Engel sind in Wahrheit Pleuelgestänge. Wenige Dezennien nur braucht es, um dieses Spielalter der Technik vorübergehen zu lassen. Dann sind die integralen Teile der noch unkomplizierten Maschine ihrer funktionalen Wichtigkeit entsprechend und in logischer Position hervorgetreten; der innere Kräfteverlauf ist klar nach außen sichtbar geworden, die Maschine hat die Form gefunden, die ihrem Wesen, ihrer inneren Bedeutung adaequat ist.
Geradezu umgekehrt verläuft die Entwicklung des Hauses. Der früh-industriellen Maschine zeitgenössisch ist das klassizistische, das Biedermeierhaus, eine Formenwelt von imponierender innerer und äußerer Klarheit. Wenige Dezennien wiederum vergehen, und es steht um den Menschen des fin de siècle ein Chaos der räumlichen Form, wie es schlimmer nicht vorstellbar ist. Vergegenwärtigen Sie sich zusammenfassend Maschine und Gerät um die Jahrhundertwende, bevor die Männer anfingen zu arbeiten, deren Namen wir hier so oft genannt haben, vergegenwärtigen Sie sich Maschine und Geräte auf der einen Seite und Haus und Innenraum derselben Tage auf der anderen Seite, und Sie haben das Bild, das ich vorhin aufzeigen wollte. Stellen wir noch abschließend fest, daß nicht etwa das Bauen nur nachhinkte hinter der Technik, was bei dem unvergleichlich stärkeren Impetus der technisch-industriellen Entwicklung begreiflich gewesen wäre, sondern daß das Haus sich von jeglicher technischen Form wegentwickelte in jenen kurzen Jahren.
Diese Dinge sind nicht neu, wenngleich sie keineswegs in das Gesamtbewußtsein eingetreten sind. Die Männer haben es gesagt, die hier begonnen haben, die vielen haben es gesagt, die eines Tages Deutschland verlassen mußten, und nur wenige, die hier sind, haben es auch gesagt.
Was wir aber neu zu formulieren und unaufhörlich tiefer zu begründen haben, ist die Einsicht, daß nahezu alles Bauen um uns herum auch heute noch unablässig bemüht ist, technikfreie Reservate zu schaffen, daß man nicht erkennen und nicht anerkennen will, was ist und was weiter wird. *Ob nicht darin letzten Endes unsere Heimatlosigkeit begründet sein mag?* Ist unser Unbehagen

gar so unerklärlich? Ist es denkbar und zu rechtfertigen, daß wir auf die Dauer in zwei Welten leben? Muß die eine, immer wieder versuchte, nicht Schemen bleiben, da doch die andere, die technische, Realität ist? Dürfen wir noch differenzieren zwischen technischem und technikfreiem Bauen? Können wir zu Recht gar noch im konkreten Bauwerk wider-technische Räume aussparen wollen? Sind wir nicht wie die Kinder – Sie bemerken die Fragesätze –, die solange das Fürchten nicht verlernen, bis sie aus eigener Erfahrung wissen, daß dunkle Orte nicht die Stätten lauernder Dämonen sind? Liegt nicht eine unübersehbare Ähnlichkeit in diesem Absehen von der Realität – das ja stets gepaart ist mit dem doktrinären Kraftmeiertum der Blut- und Bodentheorie jeder Richtung – liegt nicht eine böse Ähnlichkeit vor mit den Verdrängungen und Kompensationen, die auch andere geistige Erkrankungen unserer Tage anzeigen?

Ortega y Gasset hat einmal gesagt: „Mensch, Technik, Wohlbefinden sind letzten Endes synonym". Welchem Bereich eigentlich gelten diese Worte, wenn nicht auch dem Bereich einer so eminent menschlichen Beschäftigung, wie es das Bauen darstellt? Es gibt ein merkwürdiges Zeichen, das wenig beachtet und kaum gedeutet wurde. Es ist die Flucht aus dem konventionellen Raum und demgegenüber das Sichgeborgenfühlen im Automobil, in den Labors und in den Schaltzentralen der großen industriellen Werke. Ich weiß, daß man mir entgegenhalten wird, das sei ein typischer „circulus vitiosus". Ich glaube nicht, daß die Dinge so einfach liegen. Es wäre eine allzu simple Lösung, die immer schnell bei der Hand ist, wenn man nicht weiter denken *will*.

Würde auf dem angedeuteten Wege weitergedacht und käme man zu Erkenntnissen, so wäre es gewiß noch ein weiter Weg bis zur Auswertung dieser Erkenntnisse in der Praxis, bis zur Auswertung und bis zur Abhilfe. So wie das Bauen nicht allein Angelegenheit des Architekten ist – wir alle wissen, wie wichtig sein Gegenüber ist – so ist die Aufgabe auch allen gestellt, zum wenigsten eigentlich noch dem Architekten, da er im Umgang mit den dargestellten Problemen ja lebt, aber dem Gegenüber, dem Laien, dem sogenannten Laien, dem Bauherrn, den Schulen, den Behörden, der Presse, dem Funk. Die schwerste Hemmung scheint mir dabei das Übergewicht, der Ballast, der fast untragbare Ballast unserer historischen Bildung zu sein. Nicht mehr und nicht weniger als jeder andere vermag zwar der Architekt ihrer zu entraten, das sei ausdrücklich gesagt. Aber nicht viel mehr und nicht viel weniger sollte man auch sagen. Daß die historische Wissenschaft, in welcher Form sie auch immer auftreten mag, noch einmal dem Architekten das Werkzeug bereitstellen werde, daß sie ihm gar einen Kanon der Form, sei es im großen oder im kleinen, noch jemals bereitstellen werde, das, glaube ich, müssen wir verneinen. • Ich glaube, es hat keinen Sinn, darüber hinwegzusehen, daß es im Formalen keine Kontinuität zwischen dem historischen Bauen irgend einer Art und dem heutigen Bauen oder dem zukünftigen gar geben kann. Was anders spielt sich beim Bauen denn ab als das glückhafte Zusammentreffen *des Könnens*, das *nicht* lehrbar ist, und der Beherrschung des Stoffes und seiner Gesetze? Der Stoff aber ist ein anderer geworden in einem Vorgang, der nicht reversibel ist. Der zukünftige Architekt wird als Ingenieur-Architekt keine *widertechnischen* Räume mehr schaffen, wenn anders Baukunst noch bestehen soll. Die platte Lehre von dem Abgrund zwischen sogenannter Kultur und sogenannter Zivilisation, die man ja unseren jungen Menschen so frühzeitig einimpft, wird verstummen müssen, wenn anders nicht eben dieser Abgrund die wahre, lebendige und lebenspendende Kultur wirklich verschlingen soll.•   *Beifall*

BARTNING:
Ich glaube, es kann nur nützlich sein, wenn wir von verschiedenen persönlichen Standpunkten aus diese Frage weiter beleuchten, denn es kommen immer neue Elemente hinzu, auch neue Postulate, zugegeben.
Ich möchte zwischendurch auf eine mehrfach an mich ergangene Frage erklären: die ganzen Gespräche, Vorträge sind alle auf Tonband aufgenommen, und es wird aus all diesen Dingen bestimmt wieder eine Druckschrift möglich sein, deren Drucklegung allerdings Wochen und Monate dauert, die aber dann in unsere Hände gelangt.
Ich möchte vorschlagen, daß wir in der Weise fortfahren, daß nun doch auch noch eine ganze Reihe Unvorbereiteter sich zu der Sache• äußern. Zuerst möchte ich Herrn Dr. Werner fragen,   *Beifall* ob er bereit ist, uns ein paar Worte zu sagen. Ich habe einzelne gute Freunde hier im Kreis schon gesehen, die ich nachher heraufbitten möchte, damit wir vor allem, das darf ich hier erklären, eines durchführen, daß die Jungen zum Sprechen kommen. Ich habe es heute morgen gesagt, wie wichtig es ist, daß wir alle erkennen, welche Dinge sie auf dem Herzen tragen, nicht im Verstand, und deshalb habe ich mit meinen älteren Freunden

und Kollegen verabredet, daß wir uns zurückhalten. Ich bitte Herrn Dr. Bruno E. Werner zunächst, und dann versuche ich, einige von ihnen heraufzubringen.

DR. BRUNO E. WERNER, MÜNCHEN:

Ich bin in keiner Weise vorbereitet und will Ihnen auch keinen Vortrag halten. Ich will nur eine kritische Bemerkung machen, die sich auf unser Zusammensein bezieht. Das Thema der Tagung heißt: „Mensch und Raum". Das ist ein faszinierendes Thema. Das ist besonders faszinierend in einem Lande wie dem unseren, wo man sich gegenseitig auf die Füße tritt und wo man – nach all dem, was geschehen ist – die großartige Chance hätte, sich mit dem Raum in einem ganz großen Stil geistig und praktisch architektonisch auseinanderzusetzen. Nun muß ich aber gestehen: ich habe den Eindruck, daß die Frage „Mensch und Raum" eigentlich immer nur am Rande der hier gemachten Ausführungen stand, daß die Frage des Raumes und die Beziehung von Mensch und Raum eigentlich nur in einer völlig abstrakten philosophischen Form behandelt worden ist. Nun wissen wir zwar, daß die moderne Physik mit der Vorstellung eines gekrümmten Raumes arbeitet, also mit etwas, was sich unserer eigenen sinnlichen Vorstellungskraft entzieht. Aber wir haben es hier nicht mit der Physik zu tun, sondern wir haben es mit der Frage des Bauens und Wohnens zu tun, und da habe ich die eigentlich konkrete Auseinandersetzung vermißt, die ich, haben Sie keine Sorge, in keiner Weise Ihnen jetzt zu geben versuchen werde.

Wir wissen, daß die Beziehung von Mensch und Raum im Jahre 1450 eine völlig andere war, als sie im Jahre 1950 ist. Wir wissen, daß die Beziehung von Mensch und Raum bei den Völkern sehr verschieden ist: die Italiener haben eine andere Beziehung zum Raum als wir, und eine total andere als wir Europäer alle miteinander haben die Amerikaner. Dieses sind die Punkte, die konkret eigentlich in keiner Weise behandelt worden sind. Wir haben auch gehört, daß seit dreißig Jahren das Bauen aus dem Geist der Zeit eine völlige Selbstverständlichkeit sei. Einer der verehrungswürdigen älteren Architekten hat dies gesagt und hat dies gestreift und hat es abgetan mit der Bemerkung: darüber brauchen wir nicht mehr zu reden. Auch hier muß ich Ihnen gestehen, daß ich die Beziehung zur Realität völlig vermißt habe. Wir reden nämlich über bestimmte philosophische Begrifflichkeiten, während *Lebhafter Beifall* es draußen brennt.• Ich kann das, was brennt und was uns allen auf den Nägeln brennen müßte, in keiner Weise jetzt hier ausführen. Ich will es nur in zwei Punkten andeuten. Das eine ist die Frage des sozialen Wohnungsbaues, eine konkrete Frage von Mensch und Raum. Wir wissen, welche trostlosen Unzulänglichkeiten bei allen anerkennenswerten Bemühungen hier bestehen. Wir wissen, wie der soziale Wohnungsbau dort, wo man ihn in Angriff genommen hat, seine Verwirklichung in der Form von kleinen Vogelkäfigen, Vogelnäpfchen möchte man sagen, gefunden hat: Ich streife dieses nur. Es ist ein Gebiet, zu dem sich unendlich viel sagen ließe.

Die zweite Frage lautet: Wie wird gebaut? Ich brauche kein Wort zu verlieren über die Tatsache, daß wir einige der ausgezeichnetsten Architekten in Deutschland haben, und daß diese ausgezeichneten Architekten hier zum großen Teil unter uns weilen: Aber wenn ich Ihnen ein Beispiel sägen darf: Ich lebe in einer der liebenswertesten deutschen Städte, die zweifellos sich durch die Eigenschaft auszeichnet, musisch zu sein. Diese Stadt ist München. Wenn Sie sehen, was in München in den letzten vier Jahren durch Behörden gebaut oder zumindest zugelassen wurde, dann erkennen Sie, welche einzigartige Chance hier vertan worden ist. *Beifall* Und dieses trifft nicht nur für München zu. Sehen Sie sich die Bauten an, die für Millionen errichtet worden sind; oder die großen Wohnhäuser oder Hotels mit Fensteröffnungen, die aussehen, als hätte man mit dem Finger durch die Mauer gestochen. *Beifall* Es zeigt sich also, daß die ganz simplen Dinge, über die die Architekten seit zwanzig, dreißig Jahren reden, nämlich Licht, Luft, Raum, anscheinend durchaus akademisch in einem engsten Kreis behandelt worden sind und daher nicht in die Öffentlichkeit gewirkt haben, wie sie hätten wirken müssen. Ich komme zum Schluß. Wir müssen uns leider darüber klar sein, daß wir seit dreißig Jahren, seit einem halben Jahrhundert, immer von Wandlung reden, von innerer Veränderung, von Problemen des Weltbildes, ja, daß bei uns nicht fünf Briefmarkensammler zusammensitzen können, ohne über Weltanschauung zu reden statt über ihre Briefmarken, worüber sie eigentlich reden wollen. Und weiterhin, daß diese weltanschauliche Betrachtung gelegentlich eine deutsche Tugend ist, daß sie aber häufig auch ein deutsches Laster sein kann. Wir erleben nämlich in diesem Augenblick, daß wir in Deutschland auf dem Gebiete, von dem wir heute sprechen – trotz einzelner hervorragender Persönlichkeiten, die sich mit dem Auslande messen können, trotz der Tatsache, daß gerade wir in Deutschland in den zwanziger Jahren eine führende, bahnbrechende Rolle gespielt haben, und vielleicht nicht nur in den zwanziger Jahren, sondern, wie Sie gehört haben, seit Anfang des Jahrhunderts – daß wir, verglichen mit anderen Völkern, wirklich provinzialisiert sind.•

Beifall

Aber, und damit möchte ich meine Ausführungen schließen, die leider nicht etwa eine Lücke schließen, sondern nur den Finger auf diese Lücke legen können, wir erleben auch etwas Tröstliches. Ortega hat vorhin gesagt: „Die Unzufriedenheit ist das Beste", ich möchte sagen, es ist das Ungenügen, es ist die Sehnsucht. Und daß wir hier zusammensitzen, daß eine Reihe von erwachsenen Männern und ein ganzer Saal mit Hunderten von Menschen an einem Sonntag, da es draußen warm ist, und da man viel schöner im Grünen spazierengehen kann, sich zusammensetzt, um von früh bis in den Abend hinein über solche Fragen zu reden, das ist allerdings einer der positivsten Züge unserer Zeit und gerade unserer deutschen Situation. Das ist vielleicht sogar etwas, was wir vor vierzig Jahren nicht in dieser Form entwickelt haben. Nur wäre es sehr gut, wenn diese Bemühungen nicht durch weitere Abstrahierungen, durch das Verlieren dessen, worauf es konkret ankommt, eines Tages enttäuscht würden und sich dann wieder in Lethargie verlören.•

Beifall

BARTNING:

Ich danke Ihnen, Herr Dr. Werner, auch für den Hinweis, der an uns alle, auch an alle Redner mit Recht gerichtet ist, daß wir uns bei dem Konkreten halten sollten. Immerhin besteht die Hoffnung, daß morgen, wenn sich die Verfasser zu ihren Plänen anhand von Bildern äußern, die Sache wesentlich ins Konkrete und auch in die konkrete Beziehung zur Ausstellung gelangt: Trotzdem: zuvor schon war das handgreifliche Thema des Raumes, des umbauten Raumes in seiner Beziehung zum freien Raum angeschlagen, ohne daß es bisher so recht durchgekommen ist. Auch die Frage der technischen Mittel neuer Raumbildung und weiter, ob es nur Mittel oder zugleich Elemente des Raumgefühls seien.

Ich bitte, daß hierzu nun noch einige der Jüngeren und nicht Vorbereiteten sprechen, die ich hiermit aus den Reihen der Zuhörer zum Wort heraufbitten möchte. Und zwar meine ich meinen Freund Giefer und Herrn Dr. Eckstein. Bis sie aber sich heraufbegeben haben, bitte ich Herrn Eiermann, zu uns zu sprechen.•

Beifall

PROFESSOR DIPL.-ING. EGON EIERMANN, KARLSRUHE:

Ich möchte auf das, was Herr Schuster gesagt hat, kurz eingehen: Es tut mir immer außerordentlich leid zu hören, wie schlecht es uns geht, und wie schön es früher war. Ich sehe aus diesem Verschönern dessen, was wir hatten, eine gewisse Kraftlosigkeit sich äußern, ich sehe dahinter ein Nichtmehrwollen, ein Nicht-mehr-an-die-Zukunft-Glauben, und hinter dieser Kraftlosigkeit spüre ich denn auch das kommende Versagen, das uns befallen wird. Ich kann mit dem besten Willen nicht einsehen, warum die Zukunft, die uns bevorsteht, so schlecht sein soll, oder, warum sie schlechter sein soll als alle Zukünfte aller Menschen, die bis jetzt gelebt haben.• Ich möchte sogar behaupten, daß wir Anzeichen *Beifall* verspüren können, die eine Menschheit vor uns überhaupt noch nicht hatte. Daß sie sich in einer Weise äußern, die vielleicht eines Geistes oder einer geistigen Untermauerung noch bedarf, ist eine zweite Sache, die sich finden wird. Ich glaube blind daran, daß das sich findet. Aber, was wir doch gar nicht wegleugnen können, ist eine Ausweitung unserer Möglichkeiten, ein Sichverschwendenkönnen in der Zukunft, von dem doch die früher in ihrer Ängstlichkeit gar nicht ahnten, daß es so etwas geben könnte. Ich finde die Enge alter Städte, auf die vorher so reizend eingegangen wurde als ein rühmenswertes Beispiel, geradezu grauenhaft. Ich finde nett hindurchzufahren, aber ich bin froh, wenn ich wieder draußen bin, und die Vorstellung, daß ich in diesen alten, vermauerten Löchern hausen müßte, ist für mich eine tragische. Ich kann mir vorstellen, daß man sie ehrwürdig findet; aber daß ich darin meine Heimat finden soll, kann ich mir überhaupt nicht vorstellen. Ich kann mir vorstellen, daß man Kunstgeschichte aus ihnen lernt, aber ich kann mir nicht vorstellen, daß man unser zukünftiges Leben daraus entnehmen sollte.• Das *Beifall* halte ich für undenkbar.

Nun ist etwas Grandioses geschehen. Wir sehen, daß auf der ganzen Welt Annäherungen stattfinden, wie sie früher durch den Mangel der Technik nicht möglich waren. Wir spüren, daß sich Grenzen öffnen, und wenn ich an die alten Städte mit ihren Mauern und ihrem Gewinkel denke, die da sind, und ich denke an die planenden Ideen von heute, dann weiß ich, was da sein wird. Das ist es ja eben, daß der Planende gewissermaßen etwas Zukünftiges in sich birgt, das auf Verwirklichung drängt, während der, der zurückschaut und die Dinge von früher nimmt, zurückgeht, er kann gar nicht anders. Je mehr ich also in die Zukunft schreite, je mehr ich blind an sie glaube, um so besser wird sie sein, und so beurteilen Sie auch das, was geschieht, die Flüge von hier in einigen Stunden nach Amerika, beurteilen Sie, daß die Grenzen fallen werden, weil alles darauf hindeutet. Beurteilen Sie danach unsere städtebaulichen Planungen, nicht auf Atombombenangst, nein, auf die Folge einer Weitzügigkeit und einer Weltoffenheit, wie wir sie bis jetzt noch nicht kannten.

Wenn wir nun damit die Begriffe der Heimatlosigkeit in Kauf nehmen müssen, so tue ich das gern; denn die Heimat von früher mit Volksliedgesang existiert dann nicht mehr: Ich habe eine neue Heimat, die dann die Welt sein wird unter Umständen.•

Beifall

Es hat doch gar keinen Sinn, nun in Postkutschenromantik an den Begriff der Heimat zu denken, wenn mir die Möglichkeiten des Neuen zu Füßen liegen, daß ich heute da, morgen da, übermorgen dort sein werde, und wir haben doch diese Entwicklungen schon überall hin. Wir kennen, wie vorhin schon gesagt worden ist, das Möbel, Herr *Sternberger* hat es gesagt, das unser letzter Schatz geblieben ist, den wir erhalten haben. Ich könnte beheimatet sein mit meinen Möbeln, ich könnte auch anders beheimatet sein, indem ich ein Textil besitze, einen kostbaren Gegenstand, den ich mit mir trage, im übrigen gehört mir die Welt.

Das sind Dinge, auf die wir kommen werden als eine neue Lebensform. Es hat nur Sinn, sich mit allem diesem Neuen entgegenzuwerfen und es zu meistern, wo es nur geht.

Und damit kommen wir also auf das Konkrete, was Herr *Werner* meinte. Es ist vollkommen klar, daß der Architekt allein das gar nicht machen kann, was von ihm verlangt wird. Wenn wir von Heimatlosigkeit sprechen, und ich soll bauen, dann sage ich: „Gut, ich gestalte die Heimatlosigkeit." Deshalb können wir trotzdem außerordentlich glückliche Menschen werden. Immer gibt es richtige und falsche Wege. Ich sehe mit dem besten Willen nicht ein, warum heute noch fünfgeschossige Häuser gebaut werden, in denen keine Zentralheizung und kein Aufzug ist, wo die Menschen also ihre Kinderwagen durch fünf Geschosse und ihre Kohlen durch ebensoviel Geschosse tragen.•

Beifall

Auf diesen Gebieten kann ich als Architekt etwas tun; denn, wenn ich mich als Hausfrau so quälen muß, dann kann ich auch in diesem Gebäude kein glückliches Gefühl oder zu ihm kein Heimatgefühl haben.•

Beifall

Ich laufe jetzt Gefahr, solche selbstverständlichen Sachen sagen zu müssen, um darzutun, wo eigentlich der Kernfehler der ganzen

Geschichte sitzt. Er sitzt beileibe nicht bei den Architekten; denn die wissen da ziemlich genau, was sie zu tun haben. Er sitzt in Schwierigkeiten, für die der Architekt genau so wenig verantwortlich ist wie jeder einzelne von Ihnen auch. Er kann nur vermieden werden, wenn man sich wirklich entschließt, vernünftig nachzudenken und eben nicht mit Gefühlen und Ressentiments, aber erst recht nicht mit der sogenannten entsetzlichen „Wirtschaftlichkeit" zu arbeiten, sondern mit Nachdenken und Fühlen zu sagen: „Was kann ich für den *Menschen* tun?" Ein anderer Weg ist unmöglich.

Ich sehe auch zum Beispiel nie ein, warum nicht viel mehr Reihenhäuser gebaut werden als jetzt. Es gilt, nicht die Heimat, sondern den Menschen zu retten. Ich komme aus Hannover, wo Hebebrand ein kleines Reihenhaus gebaut hat, was 6000 Mark kostet.• Keiner von Ihnen wird gern in dieses Haus hineinziehen, *Beifall* weil es wahrscheinlich zu primitiv sein wird.

Kurzum: Was haben wir Architekten damit zu tun, wenn Sie sich nicht in dem heimisch fühlen, was wir für Sie für ein bestimmtes Geld, das Sie aufbringen können, hinsetzen können! Die Heimatlosigkeit liegt also noch woanders begründet: in der Gesamtsituation unseres noch von Krämpfen geschüttelten Daseins und in dem von früher überkommenen, übergroßen Anspruch, der geäußert wird, um sich heimisch zu fühlen.• Das heißt, man muß *Beifall* lernen, mit einer unabdingbaren Bescheidenheit durch diese Welt zu gehen und nicht mit einem Ansprach aufzutreten. Dann wird sich die Heimat bilden und zwar in uns, und sie wird von ganz allein entstehen.• *Beifall*

Ich möchte aber gar nicht von dem Begriff „Heimatlosigkeit" sprechen, weil der Begriff für mich als solcher gar nicht existiert. Ich glaube also an das ganze Thema gar nicht. Man müßte es tatsächlich so machen, daß man die besten Leute, die es gibt, unter der höchsten Verantwortung vor dem Menschen, allein und rücksichtslos vor ihm, an diese Aufgabe heransetzt, dann wird der Begriff Heimatlosigkeit überhaupt kein Anlaß zu irgendeiner Debatte mehr sein.• *Beifall*

BARTNING:
Sie sehen, jetzt wird es angenehm konkret.• Ich möchte den *Heiterkeit* jungen Architekten, Herrn Schinz aus Berlin, um ein paar Worte bitten, er kommt aus dem Arbeitskreis von Scharoun.

SCHINZ:
Ich bin leider in keiner Weise vorbereitet. Vielleicht ist es auch ganz gut: Ich möchte an den Anfang meiner Worte ein Wort von Goethe stellen. Es mag vielleicht sehr merkwürdig sein, daß gerade ein so junger Mensch wie ich das tut. Goethe sagt: „Vollkommenheit kann man bereits erreichen, wenn man das Notwendige geleistet hat, Schönheit jedoch wird erst dann erreicht, wenn das Notwendige vollkommen geleistet worden ist." Und ich glaube, daß die hinter uns liegende Epoche und Entwicklung der neuen Baukunst für dieses Wort eine sehr wichtige Beziehung hat.
Die Versuche, die sich aus dem veränderten Leben ergeben haben, neue Dinge zu schaffen, die diesem neuen verwandelten Leben Form geben sollten, die sind zweifellos nicht gleich von Anfang an schön, sie sind auch gar nicht darauf ausgerichtet gewesen, sie haben sich das nicht zum Ziel gesetzt, schön zu sein. Denn Schönheit ist eine Gnade, die in dem Moment eintritt, wo die Vollkommenheit der Notwendigkeiten erreicht ist.
Ich komme aus Berlin, und wir leiden ganz besonders darunter, daß wir gerade diese Arbeit, über die ich jetzt rede, eigentlich nicht haben, und wir haben uns mit diesen Fragen der Baukunst bisher leider nur theoretisch befassen können, im größten Teil jedenfalls: Ich halte es aber für sehr wichtig, hier noch einmal darauf hinzuweisen, daß gerade in Berlin ein ganz unerhörter Beitrag für die Neuformung eines in der Zukunft kommenden Lebens geleistet worden ist; und daß wir das hier nicht vergessen sollen, und daß wir uns darauf besinnen sollen, obwohl wir heute hier in Darmstadt sind, daß auch da Dinge geleistet worden sind und auch immer noch geleistet werden können und notwendigerweise sogar geleistet werden müssen, die uns für ein zukünftiges Leben weiterhelfen können.•

Beifall

BARTNING:
Ich möchte Herrn Architekt Giefer bitten, nun doch auch alles in der Richtung weiter konkret zu führen, wie wir es angeschlagen haben.

DIPL.-ING. ALOIS GIEFER, FRANKFURT:
Meine Damen und Herren! Ich höre nun schon zum zweiten Mal das Wort konkret und nehme dazu gern das Wort. Als ich vorhin da unten saß und noch nicht hier oben in der erlauchten Gesellschaft und sehr schön formulierte Dinge hören durfte, da schlug

mein Herz natürlich als Architekt mit den Architekten. Ich hörte die Meute klatschen und scharren und habe Anteil daran gehabt. Zum ersten Mal ist es aber eigentlich bei mir so gewesen, daß ich auch herauf hätte kommen mögen, als unser Philosoph, Herr Alfred Weber, etwas sagte, was uns Architekten eigentlich recht wehe tat. Ich muß leider etwas dazu sagen, jetzt, da er selbst nicht mehr da ist, aber ich glaube, er wird es mir verzeihen, wenn ich trotzdem ein Wort dazu sage, denn ich werde es sehr positiv sagen. Da ist mir nämlich zum ersten Mal aufgegangen: Warum können unsere Philosophen und unsere geistigen Führer nicht auch die Dinge, die so unerhört wichtig sind, für uns etwas mithelfen zu ordnen, gerade in die konkreten praktischen Dinge hinein? Und die Kritik an dem UNO-Gebäude in New York hat Herr Weber ja selbst schon wieder gewissermaßen zurückgenommen, indem er sagte, er sei nicht unterrichtet gewesen. Aber dies Nichtunterrichtetsein, dieses nicht sich wirklich mit den Dingen so befassen, wie wir es eigentlich im Sinne der Universitas von jedem Menschen doch verlangen dürften und müßten, dieser Vorwurf geht beileibe nun nicht persönlich gegen Herrn Weber, aber er geht eigentlich uns alle an. Auch wir Architekten sind da in anderen Dingen wieder, in politischen Dingen oder in anderen geistigen Dingen, auch nicht unterrichtet. Wir wissen auch, woher es kommt. Darauf brauche ich nicht einzugehen. Nur möchte ich hier die Gelegenheit benutzen, diesen Appell an Sie alle zu richten, doch uns da zu helfen, daß gerade diese Dinge für uns leichter sind, und es dann nicht zu einem Vorwurf kommen zu lassen, daß wir für etwas Raum schaffen sollen, für das der geistige Raum ja noch nicht da ist. Das wurde vorhin schon genügend betont. Und nun noch konkret eine Bitte an alle die Bauherren oder an die Öffentlichkeit, an die Politiker: Lassen Sie uns auch etwas mehr Zeit zum Planen, denn das ist ja die entsetzliche Krankheit heute,• daß wir keine Zeit mehr haben, und die Dinge, *Beifall* um die es geht, können nicht in drei, vier, fünf Tagen geschaffen sein. Da gehört viel, viel mehr dazu. Und alle guten Dinge sind immer entstanden in einem langen Nachdenken und Formen und Überlegen. Und hier, was Herr Bruno E. Werner vorhin sagte, dieser Vorwurf, der den Staatsbauten galt – besonders glaube ich in München –, der ist eigentlich jetzt überall und in allen Städten zu machen. Doch das ist überall in allen Städten das akute Thema und die große Sorge von uns allen, von uns Architekten. Es ist möglich heute, daß *Millionen-Bauten* ausgeführt werden, wobei nur, um das Raumprogramm aufzustellen, die Leute, die Politiker, sechs Monate haben und den Architekten dann die Aufgabe gegeben wird, in sechs Tagen es zu erledigen. Das ist ein vollkommen unmöglicher Zustand. Und wenn wir uns dagegen wehren, und nicht nur dann, werden die Dinge von großen Gesellschaften oder von ähnlichen Institutionen, wie Schnellbauämtern, gelöst, und es wird bestimmt nicht das Beste dabei herauskommen, was wir wollen. Und das einzige Argument ist dann: Ja, die Zeit reicht ja nicht aus, das kann nur *so* gemacht werden. Und wenn es dann von einigen unserer Kritiker und von den Menschen, die für uns versuchen einzutreten und die Dinge richtig hinzusetzen, der Öffentlichkeit gesagt werden soll, dann wird es zurückgewiesen und wird nicht angenommen und wird nicht für richtig gehalten. Ich bitte also alle, die hier sind, die Zeitungen und die Öffentlichkeit, doch diesen Dingen mehr Gewicht beizumessen und uns da zu unterstützen, denn nur dann dürfen Sie uns Vorwürfe machen, wenn wir es nicht geschafft haben, wenn die Lösung nicht richtig geworden ist, und unsere Philosophen und Sie alle, helfen Sie uns mit, das geistige Klima auch in dieser Richtung vorzubereiten und richtigzustellen.•

Beifall

BARTNING:
Lieber Freund Giefer, bringen Sie mich bitte nicht auf die Bürokratie,• denn ich weiß, daß einige tatsächlich hierhergereist sind, weil sie neugierig waren, wie eine Veranstaltung abläuft, bei der ich nicht auf die Bürokratie schelte. Also, ich werde mich still verhalten.

Heiterkeit

Im übrigen haben Sie vollkommen recht mit Ihrem Appell an das Ganze, an die Bauherren und an die ganze geistige Welt, daß sie sich nicht kritisch abwartend uns gegenüber verhält, als seien wir Hanswürste auf dem Trapez, bei denen man wartet, ob sie runterfallen oder nicht – es sind ja ihre Dinge, die wir treiben – und daß sie mittun und mitfühlen und sich mitsorgen und auch mit uns leiden.•

Beifall

Im übrigen, um fortzufahren in unserer Methode, bitte ich Herrn Dr. Eckstein, ebenfalls unvorbereitet zu uns zu sprechen.•

Beifall

DR. HANS ECKSTEIN, LOCHHAM-MÜNCHEN:
Es fällt mir schwer, zur Diskussion noch etwas beizutragen – nicht nur, weil ich unvorbereitet bin, sondern vor allem, weil mir ein unmittelbarer, wesentlicher Anlaß zur Mit- oder Gegenrede

im Augenblick fehlt. Mein Anliegen ist mir vorweggenommen worden. Denn ich wollte hauptsächlich darauf hinweisen, daß wir etwas konkreter sprechen sollten. Doch gestatten Sie mir ein paar Worte zu einer Sache, die zwar nicht sehr konkret scheinen mag, die man aber doch vielleicht noch etwas konkreter anfassen kann, als es bisher in unserem Gespräch geschah.
Es wurde darüber gesprochen, inwiefern Architektur Kunst sei, und gesagt, daß sie Kunst sein solle, zugleich aber auch zeitgemäß. Es wurde viel über unser Zeitalter der Technik gesprochen und welche Aufgaben es dem heutigen Bauen stellt. Ich denke immer, wenn die Frage auftaucht, in welchen Formen wir bauen sollen, ob wir zeitgemäß bauen oder ob wir uns an historische Formen halten sollen, an meinen Lehrer Wölfflin, der – freilich in einem ganz anderen Zusammenhang – sagte: „Es ist nicht alles zu allen Zeiten möglich." Dieses Wort scheint im Widerspruch zur Realität zu stehen. Denn es ist uns scheinbar – aber nur scheinbar – möglich, in neuen und in historisierenden Formen zu bauen. Ich glaube jedoch, eine spätere Zeit wird von der unseren sagen, es sei ihr nur eines wahrhaft möglich gewesen: die neuen Formen, so gewiß sie natürlich von unterschiedlicher Qualität sind. Denn es ist doch nicht so, daß die Technik nur äußerlich die Aufgaben verändert hat, die dem Architekten heute gestellt sind. Die Technik hat vielmehr auch unser Struktur- und Formgefühl vollkommen gewandelt. Eben deshalb können wir nicht mehr in den handwerklichen Formen so denken, wie in ihnen gedacht werden müßte, und deshalb können wir sie auch nicht mehr so herstellen, wie sie hergestellt werden müßten, damit sie im alten Sinne echte handwerkliche Formen sind. Ein mit der Maschine gehobeltes Holz ist doch etwas anderes als ein mit der Hand gehobeltes. Wenn Sie das alles einmal durchdenken, die veränderte Bewußtseinslage, dieses uns eigene moderne Struktur- und Formgefühl, so kommen Sie, glaube ich, zu der Überzeugung, daß es eben von dem konstruktiven Denken der Zeit her gar keine andere Möglichkeit gibt als jenen spezifisch modernen Ausdruck. Er wird sich sicherlich, wenn auch langsam, durchsetzen, er wird sich durchsetzen gegen alle Widerstände, die ihm heute noch bereitet werden. Um so bedauerlicher ist es, daß jetzt, nach den furchtbaren Zerstörungen, noch immer so viel historisierend aufgebaut wird, was echter, künstlerisch wahrer in neuen Formen gestaltet werden könnte, sollte und müßte.•

Beifall

BARTNING:

Ja, meine Damen und Herren, ich möchte zwei Worte zum Schluß sagen, denn in dem eigentlich Konkreten fahren wir ja morgen fort, indem nämlich diejenigen von den Verfassern, Planverfassern, Projekteverfassern, die unter uns sind, morgen – wie ich schon gesagt habe – um 10 Uhr beginnen, an Lichtbildern zu ihrem Projekte zu sprechen, und da werden sie ja dann hoffentlich das Philosophieren sein lassen. Das erfolgt morgen. Ich möchte auch beinahe raten, soweit Sie wirklich daran interessiert sind, vielleicht von 8 bis 10 Uhr in der Ausstellung selber sich mit eben diesen Projekten ein wenig abzugeben.

Ein einziges Wort noch, indem ich auf meinen Freund Riemerschmid mich beziehe. Es war vorhin die Rede von dem Objektiven – ich werde nicht philosophieren über den Begriff objektiv –, gemeint ist der nach außen gewendete, auf das Objekt gewendete Mensch, so habe ich es wohl richtig verstanden, im Gegensatz zu dem auf sich selbst, nach innen gewendeten, auf das Subjekt. Wir sind im Begriff, das Subjekt in Verruf zu bringen, eine Tatsache, die gerade wir Künstler einfach nicht zulassen dürfen, denn wenn wir nicht mehr Subjekt sind, dann weiß ich nicht, aus welchen Quellen wir überhaupt noch schöpfen sollen!• *Beifall* Das ist noch lange kein Subjektivismus, sondern ich komme damit auf das Schlußwort. Was lieben wir? Ich kann nur, um dem Meister Ortega zu folgen, aussagen über das, was in mir selber ist, das ist mir das einzig Verläßliche, und ich liebe das Freie, das Leichte, das Offene und möchte gern alle Menschen in das Freie, Leichte und nach dem Freien, nach dem Grünen und Offenen hineinversetzen, das ist meine Liebe. Und dieser Liebe muß ich von Vorurteilen frei nacheifern, und ich glaube, es gibt an sich nur diesen Weg.•

Beifall

Bauwelt Fundamente

1 Ulrich Conrads (Hrsg.), Programme und Manifeste zur Architektur des 20. Jahrhunderts
2 Le Corbusier, 1922 – Ausblick auf eine Architektur
3 Werner Hegemann, 1930 – Das steinerne Berlin
4 Jane Jacobs, Tod und Leben großer amerikanischer Städte*
5 Sherman Paul, Louis H. Sullivan*
6 L. Hilberseimer, Entfaltung einer Planungsidee*
7 H. L. C. Jaffé, De Stijl 1917–1931*
8 Bruno Taut, Frühlicht 1920–1922*
9 Jürgen Pahl, Die Stadt im Aufbruch der perspektivischen Welt*
10 Adolf Behne, 1923 – Der moderne Zweckbau*
11 Julius Posener, Anfänge des Funktionalismus*
12 Le Corbusier, 1929 – Feststellungen
13 Hermann Mattern, Gras darf nicht mehr wachsen*
14 El Lissitzky, 1929 – Rußland: Architektur für eine Weltrevolution
15 Christian Norberg-Schulz, Logik der Baukunst
16 Kevin Lynch, Das Bild der Stadt
17 Günter Günschel, Große Konstrukteure 1*
18 nicht erschienen
19 Anna Teut, Architektur im Dritten Reich 1933–1945*
20 Erich Schild, Zwischen Glaspalast und Palais des Illusions
21 Ebenezer Howard, Gartenstädte von morgen*
22 Cornelius Gurlitt, Zur Befreiung der Baukunst*
23 James M. Fitch, Vier Jahrhunderte Bauen in USA*
24 Felix Schwarz und Frank Gloor (Hrsg.), „Die Form" – Stimme des Deutschen Werkbundes 1925–1934
25 Frank Lloyd Wright, Humane Architektur*
26 Herbert J. Gans, Die Levittowner. Soziographie einer »Schlafstadt«*
27 Günter Hillmann (Hrsg.), Engels: Über die Umwelt der arbeitenden Klasse*
28 Philippe Boudon, Die Siedlung Pessac – 40 Jahre*
29 Leonardo Benevolo, Die sozialen Ursprünge des modernen Städtebaus*
30 Erving Goffman, Verhalten in sozialen Strukturen*
31 John V. Lindsay, Städte brauchen mehr als Geld*

32 Mechthild Schumpp, Stadtbau-Utopien und Gesellschaft*
33 Renato De Fusco, Architektur als Massenmedium*
34 Gerhard Fehl, Mark Fester und Nikolaus Kuhnert (Hrsg.), Planung und Information*
35 David V. Canter (Hrsg.), Architekturpsychologie
36 John K. Friend und W. Neil Jessop (Hrsg.), Entscheidungsstrategie in Stadtplanung und Verwaltung
37 Josef Esser, Frieder Naschold und Werner Väth (Hrsg.), Gesellschaftsplanung in kapitalistischen und sozialistischen Systemen*
38 Rolf-Richard Grauhan (Hrsg.), Großstadt-Politik*
39 Alexander Tzonis, Das verbaute Leben
40 Bernd Hamm, Betrifft: Nachbarschaft
41 Aldo Rossi, Die Architektur der Stadt*
42 Alexander Schwab, Das Buch vom Bauen
43 Michael Trieb, Stadtgestaltung*
44 Martina Schneider (Hrsg.), Information über Gestalt
45 Jörn Barnbrock, Materialien zur Ökonomie der Stadtplanung*
46 Gerd Albers, Entwicklungslinien im Städtebau*
47 Werner Durth, Die Inszenierung der Alltagswelt
48 Thilo Hilpert, Die Funktionelle Stadt*
49 Fritz Schumacher (Hrsg.), Lesebuch für Baumeister*
50 Robert Venturi, Komplexität und Widerspruch in der Architektur
51 Rudolf Schwarz, Wegweisung der Technik und andere Schriften zum Neuen Bauen 1926-1961
52 Gerald R. Blomeyer und Barbara Tietze, In Opposition zur Moderne*
53 Robert Venturi, Denise Scott Brown und Steven Izenour, Lernen von Las Vegas
54/55 Julius Posener, Aufsätze und Vorträge 1931-1980
56 Thilo Hilpert (Hrsg.), Le Corbusiers „Charta von Athen". Texte und Dokumente. Kritische Neuausgabe
57 Max Onsell, Ausdruck und Wirklichkeit
58 Heinz Quitzsch, Gottfried Semper – Praktische Ästhetik und politischer Kampf
59 Gert Kähler, Architektur als Symbolverfall
60 Bernard Stoloff, Die Affaire Ledoux
61 Heinrich Tessenow, Geschriebenes
62 Giorgio Piccinato, Die Entstehung des Städtebaus
63 John Summerson, Die klassische Sprache der Architektur*
64 F. Fischer, L. Fromm, R. Gruber, G. Kähler und K.-D. Weiß, Abschied von der Postmoderne
65 William Hubbard, Architektur und Konvention

Bei Fragen zur Produktsicherheit wenden Sie sich bitte an:
If you have any questions regarding product safety,
please contact:

Birkhäuser Verlag GmbH
Im Westfeld 8
4055 Basel, Schweiz
productsafety@degruyterbrill.com